Noch mehr

Pfälzer TAPAS

Gina Greifenstein

Umschlag: Ursula S. Kosa, Ingelheim
Layout: Leinpfad Verlag, Ingelheim
Fotos: S. 92: Gina Greifenstein; alle anderen Fotos stammen von David Hall, Nidderau/Windecken
Druck: wolf print, Ingelheim

Leinpfad Verlag, Leinpfad 5, 55218 Ingelheim,
Tel. 06132/8369, Fax: 896951
E-Mail: info@leinpfadverlag.de
www.leinpfadverlag.com

ISBN 978-3-945782-39-2

Inhalt

*Zwei Schnappschüsse vom Fototermin für **Noch mehr Pfälzer Tapas**: Gina Greifenstein, die alle Rezepte entwickelt hat, und David Hall beim Fotografieren, hier des Desserts von S. 132.*

Vorwort

Der Saumagen hat Spanisch gelernt. Regionale Tapas – klein, stark, bunt

Im Spanischen bedeutet Tapas Deckel oder Abdeckung: Die Tapas wurden auf Sherry- oder Weingläser gelegt, um zu verhindern, dass die allgegenwärtigen Fliegen hineinfallen. Meistens waren es Weißbrotscheiben, die mit etwas Schinken, Käse oder mit Oliven beschwert wurden.

In dieser unkomplizierten Form waren die Tapas lange eine kostenlose Beigabe zum Getränk. Dann aber wurden die Brotscheiben immer aufwendiger belegt, entwickelten sich zu eigenständigen Gerichten und schufen eine eigene Ess- und Ausgehkultur: Wenn es abends kühler wird, trifft man sich mit Freunden und zieht von Bar zu Bar. Im Stehen trinkt man einen Schluck Wein und isst dazu als Kleinigkeit die eine oder andere Tapa, denn man möchte ja noch vier bis fünf weitere Bars besuchen.

Kein Wunder, dass diese Tapas-Kultur, die so leichthändig Genuss und Geselligkeit verbindet, mühelos den Sprung auch in nördlichere Regionen geschafft hat und besonders in Weinbaugegenden begeistert aufgegriffen und abgewandelt wurde.

Der besondere Reiz der Tapas hat mehrere Gründe: In unseren Augen sind dies erstens das Kleine und Verspielte. Es ist zweitens der Witz der Serie, genauer: derjenige der seriellen Präsentation. Weiterhin besteht ihr Charme in der regionalen Abwandlung und dies alles zusammen bedingt einen ganz hohen Genussfaktor (s. hierzu auch unseren Text in der hinteren Buchklappe).

Wir haben uns darum bemüht, Ihnen den Umgang mit unseren Rezepten möglichst leicht zu machen. Entsprechend der jeweiligen Hauptzutat haben wir sie in sechs Kapitel eingeteilt: Tapas mit Käse, mit Fleisch & Wurst, mit Fisch, mit Gemüse & Pilzen, mit Brot & Co und die süßen Tapas finden Sie unter Tapas mit Zucker. Die Verwendung weiterer wichtiger Zutaten lässt sich über das Register (S. 134f) erschließen.

Wenn Sie sich Vorschläge für die Kombination mehrere Tapas zu einem saisonalen Vorspeisenteller wünschen, finden Sie unsere Tipps auf S. 6 bis 10. Weiterhin listen wir dort auch unsere Favoriten für ein Tapas-Buffet auf.

Praktisch: Viele Tapas lassen sich gut vorbereiten oder sogar einfrieren. Das haben wir auch jeweils bei den Rezepten vermerkt. Daneben geben wir jede Menge weitere Tipps. Zum Beispiel wie man Zutaten variieren kann.

Nun bleibt uns nur noch, Ihnen beim Ausprobieren viel Vergnügen zu wünschen!

Gina Greifenstein und Angelika Schulz-Parthu
(Redaktion Kochen & Wein, Leinpfad Verlag)

Unsere Jahreszeiten-Teller als Vorschläge für saisonale Vorspeisen

Wenn es mal etwas Besonderes sein soll oder bei einem festlichen Anlass oder aus purem Spaß am Kochen und Genießen schlagen wir Ihnen auf den folgenden Seiten **vier Jahreszeitenteller** vor. Darunter verstehen wir Teller mit je drei Tapas aus saisonalen Zutaten.
Andererseits ist es natürlich so, dass man außer Spargel oder Bärlauch fast alle Gemüse mittlerweile das ganze Jahr über bekommt. Kurz: Kombinieren Sie nach Lust und Laune! Und vertrauen Sie darauf – **drei Tapas auf einem Vorspeisenteller simd immer ein Knaller!**

Vorher noch ein paar Tipps:
Wichtig ist, dass die Portionen wirklich klein sind.
Abwechslung bringts! Eine Suppe, ein Crostino und eine Mini-Frikadelle mit einem Fingerhut voll Dip wäre eine perfekte Kombi.

Oder Sie setzen auf Farben: **Servieren Sie einfach mal nur Tapas, bei denen Rot dominiert**:
- Marinierte Radicchio-Mozzarella-Päckchen (S. 28)
- Hackbällchen mit Handkäs-Füllung u. rotem Paprikamus (S. 40)
- Marinierte Rote Bete mit Zigenkäse (S. 70)
- Kartoffel-Möhren-Creme (S. 34)

Sie planen ein **Tapas-Büffet**? Gina Greifenstein hat sich geniale Salate und wunderbare Flammkuchen ausgedacht – immer mit der typischen Kombi aus Pfälzer und Mittelmeer-Zutaten:
Winzerkäse-Salat mt Kiwi und Walnüssen (S. 18),
Gefüllte Parmesan-Champigons (S. 20)
Tomaten-Handkäs-Salat (S. 22)
Pfälzer Wurstsalat im Glas (S. 32)
Bratwurstsalat (S. 36)
Pfälzer Kartoffelsalat de luxe (S. 56)
Warmer Pilz-Brot-Salat (S. 58)
Terrine mit Forelle und Basilikum (S. 78)
Flammkuchen mit geräucherter Lachsforelle (S. 80)
Spargelsalat mit Räucherlachs (S. 84)
Lauch-Speck-Kuchen (S. 104)
Flammkuchen mit Lauch, Speck und Münster (S. 106)
Flammkuchen mt Pfälzer Leberwurst (S. 108)
Spiegelei im Schlafrock (S. 112)

Der Frühlingsteller mit Kartoffel-Möhrencreme (links unten, Rezept S. 96), Spargelsalat mit Räucherlachs (links oben, Rezept S. 84) und Panierten Lachswürfeln mit Bärlauch-Dip (Rezept S. 82).

Der Sommerteller mit Gurkenkaltschale (oben, Rezept S. 54), Gefüllten Tomaten aus dem Ofen (rechts, Rezept S. 24) und Warmem Ziegenkäse im Speckmantel mit Feigen-Birnen-Salat (Rezept S. 12).

Der Herbstteller mit Gefüllten Parmesan-Champignons (links, Rezept S. 20), Saumagen-Talern in Parmesan Kräuter-Panade mit gelbem Paprika-Dip (oben, und Mitte, Rezept S. 38) und Panierten Kürbissticks mit Limetten-Dip (unten und rechts, Rezept S. 62),

Der Winterteller mit Blutwurstsülze im Glas (oben, Rezept S. 42), Pfannkuchen-Blutwurst-Schnecken (links, Rezept S. 46) und Gefüllten Kartöffelchen (unten, Rezept S. 90).

TAPAS *mit Käse*

Die Pfälzer können nicht nur Wein und Saumagen – sie können auch Ziegenkäse! Heiß übergrillt, in Schinken eingewickelt und mit einem süß-pikanten Obstsalat ist er ein Gedicht.

Warmer Ziegenkäse im Speckmantel mit Feigen-Birnensalat

Für 10 Portionen **gut vorzubereiten**

Für den Fruchtsalat:
1 kleine Dose Birnen (225 g Abtropfgewicht)
3 reife Feigen

Für die Marinade:
5 EL Birnensaft
1 EL flüssiger Honig
1 EL dunkler Balsamico
1 Msp Chiliflocken

Außerdem:
200 g Ziegenfrischkäserolle
10 Scheiben Frühstücksspeck
10 lange Schnittlauchhalme

Für den Salat die Birnen abgießen und den Saft auffangen. Die Birnen würfeln und in eine Schüssel geben. Die Feigen waschen, abtrocknen, vierteln und in Scheiben schneiden. Zu den Birnen geben.

Für die Marinade den Birnensaft in eine kleine Schüssel geben. Den Honig und den Balsamico dazugeben und glattrühren. Chiliflocken untermischen und zu den Birnen geben. Alles locker durchmischen und ca. 1-2 Stunden ziehen lassen.

Ofen auf 200° C vorheizen (Gast Stufe 3, Umluft 180° C). Eine kleine Auflaufform mit Backpapier auslegen. Die Käserolle in ca. 2 cm dicke Scheiben schneiden, jerde Scheibe in Frühstücksspeck einwickeln, mit einem Schnittlauchhalm verschnüren und diese Päckchen in die Form legen. In den Ofen schieben, Grillfunktion einschalten und 10-12 Minuten übergrillen, bis der Speck leicht braun wird. Käsetaler auf Tellerchen verteilen, den Feigen-Birnen-Salat in kleine Schälchen füllen und dazustellen..

Pfälzer Handkäse ganz mediterran – eine unglaublich leckere Kombination!

Handkäs mit Oliven-Vinaigrette

5 Portionen **gut vorzubereiten**

5 Stück Mainzer Handkäs à 50 g

Für die Vinaigrette:
100 g schwarze Oliven ohne Kern
100 g grüne Oliven ohne Kern
1 kleine Zwiebel
½ Bund Schnittlauch
1 kleine Knoblauchzehe
3 EL weißer Balsamico
6 EL Olivenöl
5 EL Sud der grünen Oliven
Salz, Pfeffer

Die Handkäse nebeneinander in eine kleine Auflaufform oder einzeln in ein Tapas-Schälchen legen.
Für die Vinaigrette die Oliven abtropfen lassen und in Scheiben schneiden. Die Zwiebel schälen, vierteln und in feine Scheiben schneiden. Den Schnittlauch kalt abbrausen, trocken schütteln und in feine Röllchen schneiden. Die Knoblauchzehe schälen und sehr fein hacken. Alles in eine kleine Schüssel geben, mit Essig, Öl und dem Olivensud vermischen. Mit Salz und Pfeffer abschmecken und die Vinaigrette auf dem Käse verteilen.
Gut durchziehen lassen – am besten über Nacht.

Weißer Käs' ist normalerweise Quark mit Zwiebeln, Salz und Pfeffer – eventuell auch mit frischen Kräutern und Knoblauch. Mit Oliven und Basilikum ist er aber auch total lecker!

Weißer Käs' mit Oliven und Basilikum

8 Portionen **gut vorzubereiten**

500 g Magerquark
125 g Sahne
1 mittelgroße Zwiebel
1 Knoblauchzehe
100 g schwarze Oliven ohne Kern
100 g grüne Oliven ohne Kern
10–12 Stängel Basilikum
Salz, Pfeffer (eventuell Knoblauchsalz)

Den Quark mit der Sahne in einer Schüssel glatt rühren.
Die Zwiebel schälen und fein hacken. Die Knoblauchzehe schälen, durch die Presse drücken und mit den Zwiebeln zum Quark geben. Die Oliven in schmale Ringe schneiden und jeweils ein paar Ringe für die Deko beiseite stellen. Das Basilikum mit kaltem Wasser abbrausen, trocken schütteln und die Blätter fein hacken und mit den Oliven unter den Quark mischen. Mit Salz und Pfeffer pikant abschmecken. In kleine Schälchen füllen und die Olivenringe darauf verteilen. Mit jeweils 1 Basilikumblatt dekorieren.

Tipp: *Dazu passen jede Art von Cracker oder Grissini (= italienische Gebäckstangen). Man kann den Olivenkäs' aber auch als Hauptgang mit Gequellten (= Pellkartoffeln) oder Bratgrumbeere (= Bratkartoffeln) essen – zwei Personen werden davon locker satt..*

Der Winzerkäse kommt aus dem benachbarten Frankreich und die Kiwi? Aus der Pfalz natürlich, denn in der „Toskana Deutschlands" gedeihen Kiwis ganz prächtig!

Winzerkäsesalat mit Kiwi und Walnüssen

5 Portionen **frisch zubereiten**

2 EL Walnüsse
220 g nicht zu reifer Winzerkäse
1 Kiwi
1 kleine Zwiebel

Für die Marinade:
1 TL Senf
1 EL Öl
1 EL Balsamico weiß
5 EL Wasser
½ TL Zucker, Salz, Pfeffer, Knoblauchpulver
5 Walnusshälften für die Deko

Die Walnüsse grob hacken und ohne Fett in einer kleinen Pfanne leicht anrösten.
Den Käse grob würfeln und in eine Schüssel geben. Kiwi schälen, vierteln und in ca. 0,5 cm dicke Scheiben schneiden. 5 Scheiben für die Deko beiseite stellen, die anderen zum Käse geben.
Die Zwiebel schälen, fein hacken und mit den gerösteten Walnüssen in die Schüssel geben.
Die Zutaten für die Marinade verrühren und pikant abschmecken. In die Schüssel geben und locker untermischen.
Den Salat auf Schälchen verteilen, mit je 1 Scheibe Kiwi und 1 Walnusshälfte dekorieren.

Tipp: *Zu reifer Käse zerläuft in Verbindung mit der Marinade – was dem Geschmack jedoch keinen Abbruch tut.*

Gefüllte Champignons sind eine aromatische Bereicherung für jedes Tapas-Büffet und lassen sich wunderbar vorbereiten. Sie taugen aber auch als ganz normale Vorspeise.

Gefüllte Parmesan-Champignons

10 Portionen **schmecken heiß am besten**

200 g Kartoffeln
2 EL Olivenöl
10 große Champignons
1 EL Schmand
50 g fein geriebener Parmesan
Salz, Pfeffer, Muskat
30 g Parmesanspäne
10 Blätter Basilikum oder Maggikraut (Liebstöckel)

Die Kartoffeln als Pellkartoffeln kochen.
In der Zwischenzeit das Öl in einer Auflaufform verteilen. Die Champignons mit einem Pinsel säubern. Die Stiele herausdrehen und fein hacken. Die Pilzköpfe mit der Wölbung nach unten in die Form setzen.
Ofen auf 180° C (Gas Stufe 2, Umluft 160° C) vorheizen. Die weichgekochten Kartoffeln noch heiß schälen, in eine Schüssel geben und mit einer Gabel zerdrücken. Den Schmand, den geriebenen Parmesan und die Pilzwürfel zugeben und mit der Gabel gut vermengen. Mit Salz, Pfeffer und Muskat pikant abschmecken.
Die Kartoffelmasse in einen Spritzbeutel mit großer Lochtülle füllen und großzügig in die Pilze spritzen. Im Ofen 25 Minuten backen. Dann die Grillfunktion einschalten und die Pilze weitere 5 Minuten übergrillen. Mit den Parmesanspänen bestreuen und mit je 1 Blatt Maggikraut dekorieren.

Salate eignen sich perfekt für ein Tapas-Büffet, weil man sie so schön portionieren kann. Der Tomaten-Handkäs-Salat sieht nicht nur besonders gut aus, er schmeckt auch umwerfend!

Tomaten-Handkäs-Salat

8 Portionen gut vorzubereiten

200 g Handkäs
200 g Datteltomaten
2 Lauchzwiebeln

Für die Marinade:
2 EL weißer Balsamico
6 EL Olivenöl
2 TL Honig
8 EL Wasser
Salz, Pfeffer, Knoblauchpulver
1 Msp Chilipulver

Den Handkäse in ca. 1 x 1 cm große Würfel schneiden und in eine Schüssel geben. Die Tomaten waschen und mit Küchenpapier trocken tupfen. Jede Tomate in drei Scheiben schneiden und zu dem Käse geben. Die Frühlingszwiebeln waschen, putzen und in Ringe schneiden. In die Schüssel geben.
Für die Marinade alle Zutaten in einen Schüttelbecher oder in ein leeres Marmeladenglas mit Schraubverschluss geben und gut durchschütteln. Zum Käse geben und alles locker durchmischen. 1-2 Stunden durchziehen lassen, dann noch einmal abschmecken und in kleine Gläser oder Schalen füllen.

Tomaten gedeihen unter der Pfälzer Sonne bestens – mit Frischkäse gefüllt und unter einer Haube aus italienischem Mozzarella kommen sie ganz schön lecker daher.

Gefüllte Tomaten aus dem Ofen

10 Portionen **gut vorzubereiten**

5 mittelgroße Rispentomaten mit Grün (ca. 5 cm Ø)

Für die Füllung:
100 g Kräuterfrischkäse
1 Knoblauchzehe
1 TL Oregano
Salz, Pfeffer

Zum Gratinieren:
1 Kugel Mozzarella
Oregano zum Bestreuen

Das Grün von den Tomaten abdrehen und für die Deko beiseite stellen.
Die Tomaten waschen, abtrocknen und quer halbieren. Mit einem Kugelstecher vorsichtig das Innere herausschaben. Die ausgehöhlten Tomatenhälften mit der Wölbung nach unten in eine Auflaufform setzen.
Für die Füllung den Frischkäse in eine kleine Schüssel geben. Die Knoblauchzehe schälen und sehr fein hacken. Zusammen mit dem Oregano unter den Frischkäse mischen. Mit Salz und Pfeffer pikant abschmecken. Die Masse mit einem kleinen Löffel in die Tomaten füllen.
Den Mozzarella abtropfen lassen, in ca. 0,5 cm dicke Scheiben schneiden und diese auf Tomatengröße zuschneiden (siehe TIPP 2). Auf die Tomaten legen und Oregano darüber streuen.
Den Ofen auf 200° C vorheizen (Gas Stufe 3, Umluft 180° C). Die Auflaufform in den Ofen schieben, Grillfunktion einschalten und 5-10 Minuten überbacken, bis der Käse zu schmelzen beginnt.
Tomaten in Schälchen setzen und auf jede Tomatengrün daraufsetzen.

Tipp1 : *Das herausgeschabte Innenleben der Tomaten kann man für eine Salatmarinade verwenden.*
Tipp 2: *Perfekt runde Mozzarella-Scheiben bekommen Sie mit einem runden Plätzchenausstecher, der den gleichen Durchmesser wie die Tomaten hat..*

Da in der Pfalz sozusagen Milch und Honig fließen, gibt es natürlich auch die verschiedensten Käsesorten. Hier zwei Beispiele, was man mit Frischkäse machen kann:

Zweierlei Frischkäse-Pralinen

7 Portionen gut vorzubereiten

Für die Röstzwiebel-Kugeln:
150 g Ziegenfrischkäse
75 g Röstzwiebeln (gibts fix und fertig im Supermarkt)
Salz, Pfeffer

Für die Kräuterkugeln:
50 g Walnüsse
150 g Frischkäse natur (Doppelrahmstufe)
1 kleine Knoblauchzehe
1 Bund Schnittlauch
1 Bund Petersilie
Salz, Pfeffer

Für die Zwiebelkugeln den Ziegenfrischkäse und 50 g Röstzwiebeln in eine kleine Schüssel geben. Mit einer Gabel gut durchmischen und mit Salz und Pfeffer abschmecken. Die restlichen Röstzwiebeln in eine kleine Schüssel geben. Mit einem Teelöffel walnussgroße Portionen abstechen, gleichmäßige Kugeln formen und in den Röstzwiebeln wälzen. Im Kühlschrank durchkühlen lassen. Vor dem Servieren auf Tellerchen oder in Probierlöffel setzen.

Für die Kräuterkugeln die Walnüsse in einer Pfanne ohne Fettzugabe anrösten und abkühlen lassen. In einen Gefrierbeutel geben und grob zerklopfen. (Am besten eine Zeitung darunterlegen, damit es keine Dellen in der Arbeitsplatte gibt.) Die Nüsse mit dem Frischkäse in eine kleine Schüssel geben. Die Knoblauchzehe schälen, hacken und mit dem Messerrücken zerdrücken. Schnittlauch und Petersilie kalt abbrausen, trocken schütteln, fein hacken und in eine kleine Schüssel geben. 1 EL Kräuter mit dem Knoblauch zum Frischkäse geben. Mit einer Gabel gut durchmischen und mit Salz und Pfeffer abschmecken. Mit einem Teelöffel walnussgroße Portionen abstechen und gleichmäßige Kugeln formen. In den Kräutern wälzen und im Kühlschrank durchkühlen lassen. Zum Servieren auf Tellerchen oder in Probierlöffel setzen.

Mandeln gedeihen dank des mediterranen Klimas auch in der Pfalz. In kleinen Mozzarella-Kugeln versteckt, mit Radicchio-Blättern umwickelt und in einer pikanten Marinade sind sie etwas ganz Besonderes auf dem Tapas-Buffet.

Marinierte Radicchio-Mozzarella-Päckchen

Für ca. 15 Personen gut vorzubereiten

1 Radicchio
125 g Mini-Mozzarella-Kugeln
15 ganze Mandeln

Für die Marinade:
1 kleine Zwiebel
½ Bund Schnittlauch
1 kleine Knoblauchzehe
2 EL Öl
1 EL Balsamico
10 EL Wasser
½ TL Senf
1 TL Zucker
Salz, Pfeffer

Beim Radicchio vorsichtig die Blätter vom Strunk lösen, gründlich mit warmem Wasser waschen (das nimmt Bitterstoffe) und gut abtropfen lassen. Die Mozzarella-Kugeln abgießen, gut abtropfen lassen und in jede eine Mandel stecken. Die Salatblätter halbieren und die harten Blattteile wegschneiden. Jede Mozzarella-Kugel vorsichtig in eine Blatthälfte „einpacken" und mit einem Zahnstocher fixieren.
Für die Marinade die Zwiebel schälen und klein würfeln. Den Schnittlauch waschen, trocken schütteln und in feine Röllchen schneiden. Die Knoblauchzehe schälen, klein hacken und mit der Messerklinge zerdrücken.
Alle Zutaten in einen Schüttelbecher oder ein leeres Marmeladenglas mit Schraubverschluss geben, gut durchschütteln und kräftig abschmecken.
Die Marinade auf kleine Schälchen verteilen und je ein Radicchio-Mozzarella-Päckchen hineinsetzen. Gut durchziehen lassen.

Pälzer Grumbeere mit würzigem Münster überschmolzen – ein Gedicht!

Münsterkartoffeln

12 Portionen **gut vorzubereiten**

6 kleine Kartoffeln
2 EL Olivenöl
Salz oder Kräutersalz
200 g Münsterkäse
rosa Beren aus der Mühle
12 Walnusshälften

Die Kartoffeln gründlich waschen, als Pellkartoffeln weich kochen und abkühlen lassen.
Den Ofen auf 200° C vorheizen (Gas Stufe 3, Umluft 180° C).
Eine Auflaufform mit dem Olivenöl auspinseln. Die Kartoffeln der Länge nach halbieren und mit der Wölbung nach unten nebeneinander hineinsetzen. Schnittflächen mit Salz oder Kräutersalz würzen. Den Münsterkäse in ca. 0,5 cm dicke Scheiben schneiden und diese so zurechtschneiden, dass sie ohne überzulappen auf die Kartoffeln passen.
Großzügig mit den rosa Beeren übermahlen und auf jede Kartoffelhälfte 1 halbe Walnuss setzen. In den Ofen schieben und ca. 10 Minuten backen, bis der Käse zu schmelzen beginnt.
.

TAPAS

mit Fleisch & Wurst

Die Pfälzer mögen ihn, die Touristen auch und gegessen wird er entweder mit Bratkartoffeln oder mit frischem Bauernbrot.

Pfälzer Wurstsalat im Glas

12 Portionen gut vorzubereiten

500 g Lyoner
4 große Gewürzgurken
1 rote Paprika
1 große Zwiebel

Für die Marinade:
150 ml Gurkensud
6 EL Öl
1 TL Senf
10 EL Wasser
Salz, Pfeffer, Knoblauchpulver

Die Lyoner in feine Streifen schneiden (gibt es auch fertig geschnitten im Supermarkt). Die Gewürzgurken ebenfalls in feine Streifen schneiden. Die Paprika waschen, vierteln, die Kerne entfernen und klein schneiden, die Zwiebel fein würfeln. .Alles in eine große Schüssel geben.
Für die Marinade die Zutaten in einen Schüttelbecher oder in ein Marmeladeglas mit Schraubdeckel geben, gut durchschütteln und pikant mit Salz, Pfeffer und Knoblauchpulver abschmecken. In die Schüssel geben und gut durchmischen. Mehrere Stunden ziehen lassen. Vor dem Servieren noch mal abschmecken und in Gläschen füllen.

Tipp: *Schnippeln Sie doch mal frische Radieschen mit in den Salat. Oder 200 g Gouda (in feinen Streifen). Mais aus der Dose passt auch gut dazu. Oder tauschen Sie die Lyoner gegen Zungenwurst aus.*

Saumagen ist angeblich des Pfälzers liebste Speise, bevorzugt mit Sauerkraut und Bratkartoffeln. – Auf dem Tapas-Büffet kommt er allerdings in Begleitung eines pikanten Gurken-Dips daher.

Gebratene Saumagenwürfel auf Gurkensalsa

6 Portionen gut vorzubereiten

Für die Salsa:
200 g Salatgurke
1 kleine Zwiebel
1 Knoblauchzehe
2 EL weißer Balsamico
1 EL getrockneter Dill
1 TL Zucker, Salz, Pfeffer

Für die Saumagenwürfel:
2 Scheiben Saumagen, vom Metzger, 2 cm dick geschnitten
2-3 EL Olivenöl

Für die Salsa die Gurke waschen, abtrocknen und abwiegen. Mit Schale vierteln, grob zerkleinern und in einen großen Pürierbecher geben. Die Zwiebel und die Knoblauchzehe schälen, grob hacken und zur Gurke geben. Balsamico und Dill zugeben und gründlich pürieren. Mit Zucker, Salz und Pfeffer abschmecken und in kleine Töpfchen oder Schalen füllen.
Die Saumagenscheiben in gleichmäßige Würfel schneiden. Das Öl in einer kleinen Pfanne erhitzen und die Würfel von allen Seiten braun anbraten. Je 3-4 Würfel auf kleine Teller geben, in einen Würfel 1 Zahnstocher stecken. Die Salsa zu den Saumagenwürfeln auf den Teller stellen.

Tipp 1: *Sie können die Saumagenwürfel schon vorher braten – einfach in einer Auflaufform im Backofen noch mal heiß machen.*
Tipp 2: *Mit etwas Öl eignet sich die Salsa auch hervorragend als Dressing für Salate, z.B. für Endivien- oder Feldsalat..*
Tipp 3: *Für Nichtpfälzer: Man kann anstelle von Saumagen auch Fleischkäse verwenden..*

Natürlich gibt es in der Pfalz auch feine Bratwürste – dieses Rezept zeigt Ihnen, was Sie mit den beim Grillen übrig gebliebenen Würstchen machen können:

Bratwurst-Salat

12 Portionen **gut vorzubereiten**

Für den Salat:
400 g kalte gebratene oder gegrillte Bratwurst
300 g Rettich
1 rote oder orangefarbene Paprika
½ Topf Basilikum

Für die Marinade:
4 EL Olivenöl
3 EL weißer Balsamico
2 TL scharfer oder mittelscharfer Senf
5 EL Sahne
10 EL Wasser
Salz, Pfeffer, Knoblauchpulver

Die Bratwürste in ca. 1 cm dicke Scheiben schneiden und in eine Schüssel geben. Den Rettich schälen, mit der Gemüsereibe grob raspeln und zur Bratwurst geben. Die Paprika waschen, vierteln, die Kerne entfernen und in Streifen schneiden. Das Basilikum kalt abbrausen und trocken schütteln. Die Blätter abzupfen und fein hacken. Mit der Paprika in die Schüssel geben. Für die Marinade Öl, Essig, Senf, Sahne und Wasser in einen Schüttelbecher oder in ein Schraubglas mit Deckel geben und gut durchschütteln. Mit Salz, Pfeffer und Knoblauchpulver pikant abschmecken und unter den Salat mischen. 1-2 Stunden durchziehen lassen, dann in kleine Gläser oder Schalen füllen.

Panierter Saumagen?!? Aber ja, warum denn nicht? Und dazu ein fruchtig-scharfer Dip aus gelber Paprika – ein Gedicht!

Saumagentaler in Parmesan-Kräuter-Panade mit Paprika-Meerrettich-Dip

7 Portionen gut vorzubereiten

Für den Paprika-Meerrettich-Dip:
200 g gelbe Paprika
1 große Zwiebel, 1 Knoblauchzehe
1 EL Olivenöl, 1 EL Sahne-Meerrettich
Salz, Pfeffer

Für die Saumagentaler:
1 große, 2 cm dicke Scheibe Saumagen, ca. 12 cm Ø (oder 1 Saumagenwurst)
1 Ei, 2 EL Semmelmehl
1 EL fein geriebener Parmesan
1 TL getrocknete Kräuter (z.B. Dill oder Majoran)
Olivenöl zum Braten
Schnittlauchhalme für die Deko

Für den Paprika-Meerrettich-Dip die Paprika vierteln, Stielansatz und Kerne entfernen und waschen. In dünne Streifen schneiden. Die Zwiebel schälen, halbieren und in dünne Scheiben schneiden. Den Knoblauch schälen und klein hacken.
Das Öl in einem mittelgroßen Topf erhitzen, die Paprikastreifen mit der Zwiebel und dem Knoblauch hineingeben und unter Rühren so lange braten, bis die Zwiebeln glasig werden. In einen Pürierbecher füllen, den Meerrettich zugeben und gründlich durchpürieren. Mit Salz und Pfeffer abschmecken und in kleine Schälchen füllen.
Für die Saumagentaler mit einem runden Plätzchenausstecher (4 cm Ø) die Taler ausstechen. In einer kleinen Schüssel das Ei verquirlen. Semmelmehl, Parmesan und Kräuter in einen tiefen Teller geben und vermischen. – Den Schnittlauch waschen und trocken schütteln.
In einen kleinen Topf ca. 1 cm hoch Olivenöl einfüllen und erhitzen. Saumagentaler zuerst in Ei wenden, danach gründlich in der Panade wälzen, ins das heiße Fett geben und von beiden Seiten kross braun braten. Auf kleine Teller setzten und Taler und Dip mit dem Schnittlauch dekorieren.

Tipp 1: *Das Öl aus dem Topf können Sie nach dem Braten noch verwenden, z.B. für Bratkartoffeln. Einfach in ein Schälchen oder eine kleine Tasse geben und im Kühlschrank aufheben.*
Tipp 2: *Der Dip passt hervorragend zu Gegrilltem oder auch zu gebackenem Fisch – auch zu Fischstäbchen!*

Der Handkäs gibt den kleinen Frikadellen das gewisse Etwas.

Hackbällchen mit Handkäs-Füllung auf Paprikamus

12 Portionen **gut vorzubereiten**

Für die Hackbällchen:
250 g gemischtes Hackfleisch
1 Ei
1 kleine Zwiebel
2-3 EL Semmelmehl
Salz, Pfeffer, Paprikapulver
½ Handkäs ca. 25 g
Olivenöl zum Braten

Für das Paprikamus:
200 g rote Paprika
1 große Zwiebel
1 Knoblauchzehe
1-2 EL Olivenöl
Salz, Pfeffer, Chilipulver

Für die Hackbällchen das Hackfleisch mit dem Ei in eine Schüssel geben. Die Zwiebel schälen, sehr fein hacken und mit dem Semmelmehl dazugeben. Alles gut durchkneten und kräftig abschmecken.
Den Handkäse in ca. 1 x 1 cm große Würfel schneiden.
Mit einem Teelöffel walnussgroße Portionen von der Hackmasse abstechen und Kugeln daraus formen. Je eine Mulde hineindrücken, 1 Käsewürfel hineingeben. Mit Hackfleischteig umschließen und nachformen.
Das Öl in einer kleinen Pfanne erhitzen und die Hackbällchen darin von allen Seiten braun braten.
Für das Paprikamus die Paprika waschen, vierteln, die Kerne entfernen und in schmale Streifen schneiden. Die Zwiebel schälen, vierteln und in feine Scheiben schneiden. Die Knoblauchzehe schälen und fein hacken.
Das Öl in einem kleinen Topf erhitzen. Die Paprika zugeben und unter Rühren anbraten. Die Zwiebel und den Knoblauch dazugeben und weiter braten, bis die Zwiebeln glasig werden. Die Paprikamasse in einen Pürierbecher geben und mit dem Pürierstab gründlich pürieren. Mit Salz, Pfeffer und Chilipulver pikant abschmecken.
Je zwei Hackbällchen auf kleine Teller setzen und mit dem Paprikamus in einem Schälchen servieren.

Tipp: *Das Paprikamus schmeckt auch ganz hervorragend als Brotaufstrich!*

Blutwurst in Aspik, Möhrenscheiben, Silberzwiebeln und Gewürzgurke – mit einem Schuss Riesling.

Blutwurst-Sülze im Glas

8 Portionen **gut vorzubereiten**

6 Blatt weiße Gelatine
450 ml klare Brühe (entfettet)
2 kleine Möhren
250 g Blutwurst am Stück
3 kleine Gewürzgurken
75 g Perlzwiebeln
5 EL Gurkensud
3 EL Riesling
Salz, Pfeffer

Die Gelatine in kaltem Wasser einweichen. Von der Brühe 150 ml in einen kleinen Topf geben und zum Kochen bringen. Die Möhren schälen, in ca. 0,3 cm dicke Scheiben schneiden und in der Brühe bissfest kochen. Die Möhrenscheiben mit einer Gabel herausholen und in eine Schüssel geben, die Brühe im Topf lassen.
Die Blutwurst bei Bedarf häuten und in 1 x 1 cm große Würfel schneiden. Die Gurken in dünne Scheiben schneiden und mit Blutwurstwürfeln und Silberzwiebeln zu den Möhren geben. Alles gut vermischen und dicht in kleine Gläschen füllen.
Die Brühe im Topf noch einmal erwärmen und vom Herd nehmen. Die Gelatine ausdrücken und in der warmen Brühe auflösen. In der Zwischenzeit die Brühe mit Essig und Riesling vermischen und mit Salz und Pfeffer kräftig abschmecken. Die aufgelöste Gelatine unterrühren und die Gläschen mit der Brühe auffüllen.
Im Kühlschrank (am besten über Nacht) fest werden lassen.

Tipp 1: *Eine exklusive Note bekommt die Sülze, wenn Sie zarte Spargelspitzen zufügen.*
Tipp 2: *Sülze ist mit Bratkartoffeln eine erfrischende Hauptspeise für den Sommer. In Suppentellern erstarrt, wird sie zur Tellersülze.*
Tipp 3: *Sieht witzig aus und schmeckt super: Vor dem Servieren 4 Wachteleier hart kochen, halbieren und auf jedes Glas eine Eierhälfte setzen.*

Leberknödel, ‚Lewwerknepp' – mit Specksoße, Sauerkraut und Kartoffelpüree beinahe ein Pfälzer Nationalgericht! Hier eine leichte Variante mit Kräutersenf:

Lewwerknepp mit Kräutersenf

25 Portionen **gut vorzubereiten**

Für die Leberknödel:
250 g Schweineleber
100 g Dörrfleisch
1 kleine Zwiebel
250 g gemischtes Hackfleisch
1 Ei
8 EL Semmelmehl
Salz, Pfeffer, Muskat, Majoran
800 ml Fleischbrühe

Für den Kräutersenf:
3 gehäufte EL Senf
1 EL Sahnemeerrettich
½ Bund Schnittlauch
½ Bund Petersilie
Salz

Für die Leberknödel die Leber, das Dörrfleisch und die Zwiebel durch den Fleischwolf drehen. Zusammen mit dem Hackfleisch in eine Schüssel geben. Ei und Semmelmehl dazugeben und gründlich verkneten. Mit Salz, Pfeffer, Muskat und Majoran abschmecken. Etwa 1 Stunde im Kühlschrank durchziehen lassen. Mit einem Teelöffel walnussgroße Portionen abstechen und mit feuchten Händen gleichmäßige Kugeln formen.
Die Brühe in einem mittelgroßen Topf zum Kochen bringen, Hitze zurückdrehen und die Leberknödel hineinsetzen. Bei schwacher Hitze 15-20 Minuten ziehen lassen.
Für den Kräutersenf den Senf und den Meerrettich in eine kleine Schüssel geben. Schnittlauch und Petersilie kalt abbrausen, trocken schütteln und fein hacken. Zum Senf geben und alles gut vermischen. Mit Salz abschmecken.
Auf Tellerchen verteilen und die Lewwerknepp mit Zahnstochern oder Spießchen darauf setzen.

Mit einer aromatischen Creme aus Blutwurst, Äpfeln und Zwiebeln gefüllte Pfannkuchen – sehen sie nicht wunderschön aus?

Pfannkuchen-Blutwurst-Schnecken

15 Portionen gut vorzubereiten

Für den Pfannkuchenteig:
1 Ei
150 ml Milch
100 ml Mineralwasser
125 g Mehl
½ TL Dill
Salz, Pfeffer
Olivenöl zu Backen

Für die Blutwurstcreme:
1 kleine Zwiebel
1 kleine Knoblauchzehe
1 kleiner Apfel
100 g Blutwurst am Stück
1 EL Olivenöl
2 EL Sahne
Salz, Pfeffer

Für die Pfannkuchen das Ei in einer Sahnerührschüssel schaumig schlagen. Milch und Mineralwasser unterschlagen und löffelweise das Mehl unterrühren. Dill zugeben und mit Salz und Pfeffer abschmecken. 1 Stunde ruhen lassen. Dann 1 TL Olivenöl in einer Pfanne (25 cm Ø) erhitzen. Mit einem Schöpflöffel Teig ins heiße Fett geben und durch Kippen und Kreisen der Pfanne gleichmäßig verteilen. Wenn die Masse gestockt ist, den Pfannkuchen wenden und ganz kurz braten. Die Pfannkuchen sollten nicht allzu kross werden, sonst brechen sie beim Rollen. Ergibt 3 Pfannkuchen.

Für die Blutwurstcreme die Zwiebel und die Knoblauchzehe schälen und fein hacken. Den Apfel schälen, vierteln, das Kernhaus entfernen und klein würfeln. Die Blutwurst gegebenenfalls häuten und in kleine Würfel schneiden.

Das Öl in einem Topf erhitzen. Die Zwiebel dazugeben und unter Rühren glasig werden lassen. Den Knoblauch und den Apfel zugeben, kurz mitschmoren. Die Blutwurst zufügen, kurz anbraten. Die Sahne untermischen, mit Salz und Pfeffer abschmecken und vom Herd nehmen. Masse in einen Pürierbecher füllen und mit dem Pürierstab pürieren. Jeden Pfannkuchen mit einem Drittel der Creme bestreichen, fest aufrollen und in Frischhaltefolie gewickelt im Kühlschrank fest werden lassen. Vor dem Servieren schräg in 2-3 cm breite Scheiben schneiden. Mit 1 Zahnstocher fixieren und auf Tellerchen setzen.

‚Involtini' heißen die kleinen gefüllten Fleischröllchen in Italien. Auch wenn ‚gebratene Putenröllchen' nicht ganz so toll klingt – schmecken tun sie mindestens genauso gut!

Gebratene Putenröllchen auf Pflaumensenf

10 Portionen **außen scharf, innen süß**

Für die Putenröllchen:
10 Putenmedaillons
Salz, Pfeffer
4-5 EL Pflaumenmus
Salz, Pfeffer, Knoblauchpulver

Zum Marinieren:
2 EL Olivenöl
1 Prise Salz
1 Msp Chilipulver
evtl. etwas Olivenöl zum Braten

Für den Pflaumensenf:
6 EL mittelscharfer Senf
3 EL Pflaumenmus

Außerdem:
10 Rouladen-Nadeln

Für die Röllchen die Medaillons zwischen Frischhaltefolie legen und mit der glatten Seite des Fleischklopfers vorsichtig flach klopfen. Mit Salz, Pfeffer, Knoblauchpulver würzenund dünn mit Pflaumenmus bestreichen. Fest aufrollen und mit Rouladen-Nadeln fixieren.
Für die Marinade Olivenöl mit Salz und Chili verrühren und die Röllchen damit bepinseln. Über Nacht durchziehen lassen.
Eine Pfanne erhitzen, die Röllchen mit der Marinade hineingeben und rundherum kross braun anbraten. Nach Belieben bis zum Servieren warm stellen – sie schmecken aber auch kalt.
Für den Pflaumensenf den Senf und das Pflaumenmus in einer kleinen Schüssel verrühren und auf Schälchen verteilen. Die Spieße darauf anrichten.

Hauchdünn geschnittene Blutwurst mit Lauchzwiebel, roter Paprika und Birne in feiner Marinade.

Blutwurst-Carpaccio

12 Personen **gut vorzubereiten**

100 g Blutwurst im Ring, am besten vom Metzger in sehr dünne Scheiben schneiden und vorher die Pelle entfernen lassen
1 Lauchzwiebel
½ rote Paprika
1 kleine reife Birne

Für die Marinade:
1 Knoblauchzehe
10 EL Wasser
2 EL Olivenöl
1 EL weißer Balsamico
½ TL Senf, Salz, Pfeffer

Außerdem: 25 g Parmesan am Stück, ein paar Stängel Petersilie

Jeweils 5-6 Scheiben Blutwurst fächerförmig auf kleine Teller legen. Die Lauchzwiebel waschen, trocken schütteln, in feine Ringe schneiden und auf der Wurst verteilen. Die Kerne aus der Paprika entfernen, waschen, abtropfen lassen und klein würfeln. Die Birne schälen, Kernhaus entfernen und in kleine Würfel schneiden. Paprika- und Birnenwürfel auf den Tellern verteilen. Für die Marinade die Knoblauchzehe schälen, fein hacken und in einen Schüttelbecher oder ein leeres Marmeladenglas mit Schraubverschluss geben. Wasser, Öl, Essig und Senf dazugeben und alles gut durchschütteln. Mit Salz und Pfeffer kräftig abschmecken und auf den Tellerchen verteilen. Den Parmesan mit der Gemüsereibe grob raspeln und über die Teller streuen. Die Petersilie kalt abbrausen, trocken schütteln, die Blättchen abzupfen und die Teller damit dekorieren. Etwa 1 Stunde durchziehen lassen.

Tipp: *Natürlich kann man das Carpaccio auch auf einem großen Teller anrichten!*

TAPAS

mit Gemüse und Pilzen

Die Kartoffelsuppe ist aus der Pfälzer Küche nicht wegzudenken und deshalb darf sie natürlich auch auf einen Tapas-Büffet nicht fehlen:

Pälzer Grumbeersupp im Glas (= Pfälzer Kartoffelsuppe)

12 Portionen gut vorzubereiten

400 g Kartoffeln
200 g Sellerieknolle
2 Möhren
1 kleine Stange Lauch
1 große Zwiebel
5 EL Öl
700 ml Gemüsebrühe
Salz, Pfeffer, Majoran
200 g Speckwürfel
100 g Schmand
frische Petersilie

Die Kartoffeln, den Sellerie und die Karotten schälen und grob würfeln. Den Lauch halbieren, gründlich waschen und in Ringe schneiden. Die Zwiebel schälen und grob hacken. Das Öl in einem Topf erhitzen und das geschnittene Gemüse darin unter Rühren anschmoren, bis die Zwiebeln glasig werden. Mit der Brühe aufgießen und bei mittlerer Hitze etwa 30 Minuten köcheln lassen. Die Suppe pürieren und mit Salz, Pfeffer und Majoran abschmecken – bei Bedarf noch Brühe hinzufügen.
Die Speckwürfel in einer kleinen Pfanne kross braun braten. 3-4 EL für die Deko beiseite stellen, die übrigen Würfel unter die Suppe mischen. Die Petersilie waschen und trocken schütteln. Die Suppe in kleine Tassen oder Gläschen füllen, je einen Klecks Schmand darauf setzen, die Speckwürfel darüber streuen und mit Petersilie dekorieren.

Herrlich erfrischend für heiße Sommertage:

Gurkenkaltschale

8 Portionen **gut vorzubereiten**

400 g Salatgurke
2 Lauchzwiebeln
1 Knoblauchzehe
½ Bund Dill
Saft von ½ Zitrone
100 g Griechischer Joghurt (9-10 % Fett)
2 TL Zucker
Salz, weißer Pfeffer

Die Gurke waschen, abtrocknen und grob würfeln. Die Lauchzwiebeln putzen, waschen, trocken schütteln und in Ringe schneiden. Knoblauch schälen und grob hacken. Dill kalt abbrausen und trocken schütteln. 1 Zweig für die Deko beiseite stellen, den Rest von den Stängeln zupfen. Alles in eine schmale Sahnerührschüssel geben, den Zitronensaft hinzufügen und gründlich mit dem Pürierstab pürieren. Joghurt und Zucker unterrühren, mit Salz und Pfeffer abschmecken und etwa 1 Stunde durchziehen lassen. Vor dem Abfüllen in Gläschen noch einmal abschmecken. Mit Dill dekoriert servieren.

Der heiß geliebte Pfälzer Kartoffelsalat stand dafür Pate – dazugekommen sind aromatischer Sellerie und geröstete Maronen.

Pfälzer Kartoffelsalat de luxe im Glas

12 Portionen gut vorzubereiten

500 g Kartoffeln
100 g Sellerie (gibt es vorportioniert in der Gemüseabteilung)
250 ml Gemüsebrühe
2–3 EL Essig
Salz, Pfeffer
½ Bund Schnittlauch
1 kleine Zwiebel
100 g geschälte, gekochte Maronen (gibt es fertig zu kaufen)
2 EL Öl
100 g Speckwürfel

Die Kartoffeln als Pellkartoffeln am besten schon am Vortag kochen.
Sellerie schälen, mit Wasser gründlich abspülen und grob würfeln. Zusammen mit der Gemüsebrühe in einen Topf geben und bissfest kochen.
Kartoffeln schälen, halbieren, in Scheiben schneiden und in eine Schüssel geben. Den gekochten Sellerie aus der Brühe nehmen, klein würfeln und zu den Kartoffeln geben. Die Brühe mit Essig, Salz und Pfeffer pikant abschmecken und über die Kartoffeln gießen. Mindestens 1 Stunde durchziehen lassen.
Den Schnittlauch mit kaltem Wasser abbrausen, trocken schütteln und in feine Röllchen schneiden. 1 EL für die Deko beiseite stellen.
Die Zwiebel schälen und fein hacken. Die Kastanien grob hacken. Das Öl in einer großen Pfanne erhitzen und den Speck kurz darin anbraten. Die Zwiebeln und die Maronen dazugeben und so lange braten, bis die Zwiebeln glasig sind. Speckmasse mit dem Schnittlauch in die Schüssel geben, gut durchmischen und nochmals durchziehen lassen.
Die Wachteleier hart kochen.
Salat in die Gläser füllen und den Schnittlauch darauf verteilen.

Mit Pfifferlingen sieht er besonders schön aus, aber auch Steinpilze oder Champignons machen sich gut darin:

Warmer Pilz-Brot-Salat

6 Portionen schmeckt warm am besten

Für die Brotwürfel:
3 Scheiben Pfälzer Bauernbrot, 2 cm dick geschnitten (oder 5 Scheiben Toast)
3 EL Olivenöl

Für den Salat:
250 g Pilze, vorzugsweise Pfifferlinge
2 Lauchzwiebeln
1 Knoblauchzehe
6 EL Olivenöl
3 EL weißer Balsamico
4 EL Wasser
Salz, Pfeffer
1/2 TL Zucker

Das Brot in gleichmäßige Würfel schneiden. Das Olivenöl in einem Topf erhitzen und die Brotwürfel unter Rühren darin anrösten. Aus dem Topf nehmen und beiseite stellen.
Die Pilze putzen und grob würfeln oder in nicht zu dünne Scheiben schneiden. Die Lauchzwiebeln putzen und in Ringe schneiden. Die Knoblauchzehe schälen und fein hacken. Das Öl in den Topf geben, in dem das Brot geröstet wurde, und erhitzen. Die Pilze, die Zwiebelringe und den Knoblauch hineingeben und unter Rühren 10 Minuten anbraten. Vom Herd nehmen. Essig und Wasser zugeben, durchmischen und mit Salz und Pfeffer abschmecken.
Kurz vor dem Servieren die Brotwürfel untermischen und in kleine Gläser oder Schälchen füllen.

Broccoli-Röschen und Spargelspitzen in zartem Backteig mit einer Knoblauchmayonnaise zum Dippen.

Gebackenes Gemüse im Rieslingteig mit Aioli

Jeweils 8 Portionen schmecken heiß am besten

1 Brokkoli
16 Spargelstangen (grün oder weiß, oder halb und halb)

Für die Aioli:
250 ml Öl
1 Ei
1 TL Senf
1 Knoblauchzehe
Salz, Pfeffer

Für den Rieslingteig:
1 Ei
1 Prise Salz
125 ml Riesling
70 g Mehl

Außerdem:
250 ml Öl zum Ausbacken, 5 EL Mehl

Für die Aioli das Öl, das Ei und den Senf in einen hohen Pürierbecher geben. Öl und Ei sollten dabei dieselbe Temperatur haben, damit die Mayonnaise nicht gerinnt. Den Knoblauch schälen, grob hacken und dazugeben. Alles mit dem Pürierstab kurz durchmixen und mit Salz und Pfeffer abschmecken. Die Aioli kalt stellen.
8 mittelgroße Röschen aus dem Brokkoli herausschneiden. Beim Spargel die oberen 10 cm abschneiden, weißen Spargel dünn schälen.
Für den Rieslingteig das Ei trennen. Das Eiweiß steif schlagen. Das Eigelb mit Salz und Riesling verquirlen und das Mehl löffelweise unterschlagen. Den Eischnee unterheben.
Das Öl in einem kleinen hohen Topf erhitzen.
Das Mehl in eine kleine Schüssel geben. Die Brokkoli-Röschen und die Spargelspitzen zuerst im Mehl wenden, danach in den Rieslingteig tauchen, bis sie rundherum damit bedeckt sind, und nacheinander im heißen Fett goldbraun ausbacken. Nicht zu dunkel werden lassen, sonst wird der Teig bitter. Auf kleinen Tellern anrichten. Die Aioli in kleine Schälchen füllen und zum Dippen dazu servieren.

Tipp 1: *Auch kleine frische Champignons schmecken in dem Backteig ganz hervorragend. Zwiebelringe übrigens auch.*
Tipp 2: *Den restlichen Spargel können Sie für den Spargelsalat mit Tomaten und Räucherlachs auf S. 84 verwenden!*

Kürbis taugt nicht nur für Suppe – fein paniert und in Fett gebacken kann er sich auch sehen und schmecken lassen!

Panierte Kürbissticks mit Limetten-Dip

12 Portionen **frisch servieren**

Für den Dip:
200 g Schmand
1 Bio-Limette
Salz, Pfeffer

Für die Kürbissticks:
250 g Kürbis (Hokkaido oder Butternut)
2-3 EL Mehl
1 Ei
Salz, Pfeffer
2 EL Semmelmehl
2 EL Sesam (geschält)
Olivenöl zum Ausbacken

Für den Dip den Schmand in eine Schüssel geben. Die Limette heiß waschen und gut abtrocknen. Die Schale mit der Gemüsereibe fein abreiben und zum Schmand geben. Limette halbieren, eine Hälfte auspressen und unter den Schmand rühren. Mit Salz und Pfeffer abschmecken und in kleine Schälchen füllen. Die andere Hälfte der Limette in Spalten schneiden und je 1 auf jeden Dipp setzen.

Für die Kürbissticks den Kürbis zerteilen und die Kerne entfernen. 200 g abwiegen und dünn schälen. In ca. 1 x 5 cm große Sticks schneiden. Das Mehl in eine kleine Schüssel geben. Das Ei mit Salz und Pfeffer in einer kleinen Schüssel verquirlen. Das Semmelmehl und den Sesam in einer anderen Schüssel vermischen. Die Sticks zuerst in Mehl, dann in Ei und danach in der Panade wenden.

Das Olivenöl ca. 0,5 cm hoch in eine kleine Pfanne geben und erhitzen. Die Kürbissticks darin von allen Seiten goldbraun braten.

Tipp: *Der Limetten-Dip schmeckt auch wunderbar zu Fisch oder Gegrilltem. Oder reichen Sie ihn doch mal zu Ofenkartoffeln.*

Wir würden Eier-Omelett mit Kürbis und Kartoffeln dazu sagen – aber Tortilla klingt doch gleich viel besser!

Kürbis-Kartoffel-Tortilla

12 Portionen **gut vorzubereiten**

200 g Fruchtfleisch vom Hokkaido-Kürbis
4 mittelgroße Kartoffeln (ca. 450 g)
1 kleine Zwiebel
2 Knoblauchzehen
4–5 EL Olivenöl
6 Eier
1 EL Oregano
Salz, Pfeffer, Muskat
frische Kräuter für die Deko

Den Kürbis waschen, trocknen, zerteilen und die Kerne entfernen. 200 g abwiegen und mit der Gemüsereibe grob raspeln. Die Kartoffeln schälen, vierteln und in dünne Scheiben schneiden. Die Zwiebel schälen, halbieren und in feine Scheiben schneiden. Knoblauch schälen und klein hacken.
2 EL Öl in einer großen hohen Pfanne (ca. 28 cm Ø) erhitzen. Die Kartoffelscheiben zugeben und bei mittlerer Hitze ca. 5 Minuten braten. Kürbis, Zwiebel und Knoblauch untermischen und weitere 5 Minuten braten.
Die Eier in einer großen Schüssel verquirlen und mit Salz, Pfeffer und Oregano kräftig abschmecken. Kartoffelmasse aus der Pfanne dazugeben und alles gut vermischen. Das restliche Öl in der Pfanne bei schwacher Temperatur erhitzen. Die Kartoffel-Ei-Masse in die Pfanne geben, glatt streichen und 8–10 Minuten stocken lassen. Wenn die Unterseite braun wird, mit Hilfe eines großen Tellers (notfalls eine Tortenplatte dazu nehmen) wenden. Weitere 5 Minuten braten. Aus der Pfanne nehmen und mit einem scharfen Messer Tortenstücke schneiden. Mit frischen Kräutern dekorieren.

Tipp 1: *Schmeckt warm und kalt. Man kann die Tortilla schon einen Tag vorher machen und sie dann im Backofen oder in der Mikrowelle schnell wieder warm machen.*
Tipp 2: *Lässt sich gut einfrieren.*

Maronen sind unendlich vielseitig und harmonieren eigentlich mit allem – natürlich auch mit viel Zucchini in einem Eier-Omelett.

Frittata mit Zucchini und Kastanien

10 Portionen **gut vorzubereiten**

300 g Zucchini
1 Zwiebel
1 Knoblauchzehe
200 g gekochte und geschälte Maronen/Esskastanien (gibts fix und fertig im Supermarkt)
5 EL Olivenöl
5 Eier
3 EL grob geraspelter Parmesankäse
1 EL Kräuter der Provence
Salz, Pfeffer, Muskatnuss

Die Zucchini waschen, abtrocknen, in 10 gleich große, ca. 3 mm dicke Scheiben schneiden und beiseite stellen, restliche Zucchini (mit der Schale!) mit der Gemüsereibe grob raspeln. Die Zwiebel schälen, vierteln und in dünne Scheiben schneiden. Die Knoblauchzehe schälen und fein hacken. Die Maronen grob hacken.
3 EL Öl in einer Pfanne (25 cm Ø) erhitzen, alles hineingeben und gut anbraten.
Die Eier in einer Schüssel verquirlen. Den Parmesan, die Kräuter und den Inhalt der Pfanne dazugeben und gut vermischen. Mit Salz, Pfeffer und Muskat pikant abschmecken.
Das restliche Öl in der Pfanne erhitzen, dann die Temperatur herunterschalten. Die Zucchini-Eiermasse hineingießen und glatt streichen. Die Zucchinischeiben am Pfannenrand entlang in die Eiermasse legen. Bei schwacher Hitze 12-15 Minuten stocken lassen, bis die Unterseite braun wird. Die Frittata mit Hilfe eines großen Tellers (z.B. Tortenplatte) vorsichtig wenden. Weitere 5 Minuten braten. Auf einen Teller stürzen, damit die Zucchinischeiben oben sind, und in Tortenstücke schneiden.

Diese Schnecken sind ganz schnell ... weg! Ein Hingucker auf jedem Tapas-Büffet, und lecker sind sie auch noch.

Pfannkuchenschnecken mit Feldsalat-Walnuss-Pesto

10 Portionen warm am besten

Für das Pesto:
100 g Feldsalat
1-2 Knoblauchzehen
3 EL Walnüsse
125 ml Olivenöl
Salz, Pfeffer

Für die Pfannkuchen:
1 Ei
150 ml Milch
100 ml Mineralwasser
125 g Mehl
Salz, Pfeffer
Olivenöl zum Ausbacken

Für das Pesto den Feldsalat putzen, waschen und gut abtropfen lassen. Den Knoblauch schälen und grob hacken. Alle Zutaten in eine hohe schmale Rührschüssel geben und mit dem Pürierstab gründlich pürieren. Mit Salz und Pfeffer abschmecken.
Für den Pfannkuchenteig das Ei verquirlen. Milch und Mineralwasser untermischen und das Mehl löffelweise unterrühren. Mit Salz und Pfeffer abschmecken. Etwa 1 Stunde ruhen lassen. 1 TL Öl in einer Pfanne (25 cm Ø) erhitzen. Mit einem Schöpflöffel Teig in die Pfanne geben und durch Kippen und Kreisen gleichmäßig verteilen. Sobald der Teig gestockt ist, den Pfannkuchen vorsichtig wenden. Die Küchlein sollen hell bleiben – werden sie zu kross gebraten, brechen sie beim Aufrollen. Aus der Pfanne nehmen und den nächsten Pfannkuchen backen. Ergibt ca. 3 Pfannkuchen.
Jeden Pfannkuchen mit Pesto bestreichen und fest aufrollen. Mit einem scharfen Messer gerade oder diagonal in ca. 3 cm breite Stücke schneiden. Mit Zahnstochern oder kleinen Spießchen fixiert auf kleinen Tellern anrichten.

Tipp: *Übriges: Pesto passt perfekt zu Spaghetti!.*

Rote Bete ist gut gegen Karies und hohen Blutdruck, fördert die Blutbildung und schmeichelt dem Darm. Und außerdem schmeckt sie auch noch gut!

Marinierte Rote Bete mit Ziegenkäse

10 Portionen gut vorzubereiten

100-150 g Ziegenweichkäserolle
1-2 gekochte Rote Bete (gibt es eingeschweißt in der Gemüseabteilung) oder 10 gleich große Scheiben aus dem Glas

Für die Marinade:
3 EL weißer Balsamico
6 EL Olivenöl
10 EL Wasser
1 Knoblauchzehe
1 Lauchzwiebel
½ TL Zucker
Salz, Pfeffer

Vom Ziegenkäse 10 ca. 0,5 cm dicke Scheiben abschneiden und beiseite stellen. Die Rote Bete ebenfalls in 10 ca. 0,5 cm dicke Scheiben schneiden (bzw. aus dem Glas nehmen und gut abtropfen lassen) und je eine auf kleine Teller legen. Auf jede eine Käsescheibe legen.
Für die Marinade Essig, Öl und Wasser in einen Schüttelbecher oder ein Schraubglas geben. Die Knoblauchzehe schälen und sehr fein hacken. Die Lauchzwiebel putzen, waschen, trockenschütteln und in feine Ringe schneiden. Zusammen mit dem Knoblauch zum Öl geben. Zucker, Salz und Pfeffer zufügen, gut durchschütteln und pikant abschmecken. Mit einem Esslöffel auf die Tellerchen verteilen und etwa 1 Stunde durchziehen lassen.

Tipp 1: *Wer keinen Ziegenkäse mag, kann auf den milderen Mozzarella ausweichen.*
Tipp 2: *Natürlich kann man das Ganze auch auf einer Platte anrichten!*

Sie ist herrlich cremig und schmeckt nach Urlaub im Morgenland:

Orientalische Kürbis-suppe

6 Portionen **gut vorzubereiten**

350 g Kürbisfleisch (z.B. Hokkaido, Muskatkürbis oder Butternut)
250 ml Gemüsebrühe
1 Knoblauchzehe
100 g Schmand
Salz, Pfeffer, Curry, Kreuzkümmel
Lauchzwiebel oder Schnittlauch für die Deko

Den Kürbis zerteilen, Kerne entfernen und 350 g abwiegen. Dünn schälen und in große Würfel schneiden. Mit der Gemüsebrühe in einem mittelgroßen Topf weich kochen.
Den Knoblauch schälen, grob hacken und mit dem Schmand in den Topf geben. Mit dem Pürierstab gründlich pürieren und mit Salz (vorsichtig damit umgehen, denn die Brühe ist schon gesalzen!), Pfeffer, Curry und Kreuzkümmel pikant abschmecken. Noch einmal kurz erhitzen und sofort in Espressotassen füllen. Etwas von dem Grün der Lauchzwiebel oder ein paar Halme Schnittlauch in kleinen Röllchen schneiden und auf der Suppe verteilen.

Tipp: *Sie wollen zur Abwechslung mal eine grüne Suppe? – Dann nehmen Sie einfach Zucchini (mit Schale) statt Kürbis.*

Natürlich gibt es im Herbst Steinpilze im Pfälzerwald – man muss sie nur finden. Und wenn man keine finden sollte, kann man die Pannacotta auch mit gekauften Champignons zubereiten.

Steinpilz-Pannacotta

10 Portionen gut vorzubereiten

4 Blatt weiße Gelatine
150 g Steinpilze
1 Knoblauchzehe
500 g Sahne
½ Kästchen Kresse
Salz, Pfeffer

Die Gelatine in kaltem Wasser einweichen. Die Steinpilze putzen und klein schneiden. Die Knoblauchzehe schälen und fein hacken. Die Sahne in einen Topf geben. Die Steinpilze und den Knoblauch zufügen und zum Kochen bringen. Die Hälfte der Kresse direkt in den Topf schneiden. Alles etwa 10 Minuten köcheln lassen. Vom Herd nehmen, die Gelatine auspressen und unter Rühren in der Sahne auflösen.
Espressotassen kalt ausspülen und die Pannacotta einfüllen. Im Kühlschrank etwa 5 Stunden (am besten über Nacht) fest werden lassen.
Vor dem Servieren die Pannacotta mit einem scharfen Messer vom Rand lösen, dann die Tassen kurz in heißes Wasser tauchen, und den Inhalt auf kleine Teller stürzen. Mit der restlichen Kresse dekorieren.

Pfälzer Spargel ist eine Delikatesse, aber man kann ihn auch anders essen als immer nur mit Hollandaise oder zerlassener Butter:

Spargel im Speckmantel

10 Portionen gut vorzubereiten

5 dünne weiße Spargelstangen
5 grüne Spargelstangen
2 EL Olivenöl
½ TL Chiliflocken
Knoblauchpulver
Salz, Pfeffer aus der Mühle,
10 Scheiben Schinkenspeck

Die Spargelstangen mit dem Sparschäler dünn schälen – den grünen Spargel nur in der unteren Hälfte. Jede Stange in 2 gleich lange Hälften schneiden.
In einer Pfanne das Öl mit den Chiliflocken und Knoblauchpulver erhitzen. Spargel hineingeben, leicht salzen und Pfeffer darübermahlen. Rundherum anbraten, bis die Stangen weich werden, aber noch bissfest sind. Spargel aus der Pfanne nehmen und das Öl aus der Pfanne in eine Auflaufform geben.
Immer ein Spargelober- und ein -unterteil eng mit 1 Scheibe Schinkenspeck umwickeln und die Röllchen nebeneinander in die Auflaufform legen.
Vor dem Servieren die Form in den Backofen stellen und 200° C (Gas Stufe 3, Umluft 180° C) einstellen. Nach 10 Minuten die Grillfunktion einschalten. Aus dem Ofen nehmen, wenn der Speck knusprig-braune Ränder bekommt. Auf kleine Teller verteilen.

TAPAS
mit Fisch

Lachsforellen gibt es überall in der Pfalz – und man kann sie nicht nur blau, in Mandelbutter gebraten oder nach Müllerinnen Art zubereiten!

Räucherlachsforellencreme

10 Portionen gut vorzubereiten

100 g Crème fraîche
1 EL Sahne
1 TL Senf
1 Knoblauchzehe
2 Gewürzgurken
125 g geräucherte Lachsforelle
1 EL Zitronensaft
Salz, Pfeffer

Außerdem: Schnittlauchröllchen, 2 Zitronenscheiben

Die Crème fraîche mit der Sahne und dem Senf in einen Pürierbecher geben. Die Knoblauchzehe schälen und grob hacken. Die Gurken in dünne Scheiben schneiden. Die Lachsforelle in Streifen schneiden und zusammen mit Knoblauch, Gurke und Zitronensaft in den Becher geben. Mit dem Pürierstab zu einer glatten Creme pürieren. Mit Salz und Pfeffer abschmecken. Vor dem Servieren auf kleine Schälchen verteilen und mit Schnittlauch und kleinen Zitronenstücken dekorieren.

Tipp 1: *Verwenden Sie statt Senf einfach mal Meerrettich – schon haben Sie eine tolle Geschmacksvariante!*
Tipp 2: *Frischer Dill macht sich sehr gut in der Creme.*

Terrinen sind etwas Tolles: Sie lassen sich gut vorbereiten und nach Bedarf portionieren. Und da sie so herrlich frisch und kühl sind, eignen sie sich auch hervorragend als Vorspeisen beim sommerlichen Grillen, oder mit Salat und frischem Brot als feines Abendessen.

Terrine mit Forelle und Basilikum

8 Portionen gut vorzubereiten

4 Blatt weiße Gelatine
200 g Frischkäse
100 g Sahne
1 Knoblauchzehe
2 EL frisch gehacktes Basilikum
1 EL Rosa Beeren
125 g geräucherte Forelle
Salz, Pfeffer

Außerdem: Basilikumblätter und Rosa Beeren für die Deko

Die Gelatine in kaltem Wasser einweichen.
Den Frischkäse mit der Sahne glatt rühren. Den Knoblauch schälen, sehr fein hacken und zusammen mit dem Basilikum und den Rosa Beeren unter den Frischkäse mischen. Die Forelle in kleine Würfel schneiden und unterheben. Mit Salz und Pfeffer abschmecken.
Die Gelatine aus dem Einweichwasser nehmen, nicht ausdrücken und in einen kleinen Topf geben. Bei schwacher Hitze erwärmen, die Gelatine unter Rühren auflösen und unter die Frischkäsemasse mischen. Sofort in eine Terrinenform oder andere Förmchen füllen und im Kühlschrank etwa 5 Stunden (am besten über Nacht) fest werden lassen.
Vor dem Servieren die Ränder der Terrine mit einem kleinen Messer von der Form lösen. Form kurz in heißes Wasser halten und den Inhalt auf eine Platte stürzen. Terrine in Scheiben schneiden und auf kleine Teller legen. Mit Basilikumblatt und rosa Beeren dekorieren.

Tipp: *Falls Sie keine spezielle Terrinenform haben: Die Packung des Frischkäses eignet sich hervorragend dafür! Die Terrine lässt sich wunderbar daraus stürzen und die Scheiben haben ein schönes Format. Und wenn Sie auch gleich noch den Deckel aufheben, können Sie die Terrine damit perfekt vor dem Austrocknen bewahren.*

Flammkuchen ist ja sooo wandelbar!

Flammkuchen mit geräucherter Lachsforelle

10 Portionen **gut vorzubereiten**

Für den Teig:
150 g Mehl
60 ml Wasser
2 EL Öl
1 Prise Salz

Für den Belag:
150 g Schmand
50 g Sahne
1 Knoblauchzehe
1 TL Dill
Salz, Pfeffer
3 Lauchzwiebeln
100 g gekochte, geschälte Maronen (gibt's im Supermarkt))
100 g geräucherte Lachsforelle
1 TL getrockneter Dill
1 Zweig frischer Dill für die Deko

Für den Teig die Zutaten zu einen glatten Teig verkneten, in Frischhaltefolie wickeln und im Kühlschrank 1 Stunde ruhen lassen.
Teig in 10 gleich große Portionen schneiden und zu Kugeln formen. Auf bemehlter Arbeitsfläche zu dünnen runden Fladen ausrollen und auf ein Backblech mit Backpapier legen.
Den Backofen auf 210° C vorheizen (Gas Stufe 4, Umluft 200° C).
Den Schmand und die Sahne in einer kleinen Schüssel verrühren. Die Knoblauchzehe schälen und sehr fein hacken. Mit dem Dill unter den Schmand mischen. Mit Salz und Pfeffer abschmecken. Mit einem Löffel auf die Teigfladen streichen, dabei einen schmalen Rand frei lassen.
Die Lauchzwiebeln putzen, waschen und trocken schütteln. In Ringe schneiden und auf dem Schmand verteilen. Die Maronen grob hacken und darüber streuen. Die Lachsforelle in schmale Streifen schneiden und auf die Flammkuchen legen. Im Ofen 15-20 Minuten backen..
Mit kleinen Dillästchen servieren.

Im Frühling zieht ein leichter Knoblauchduft durch den Pfälzerwald – er kommt vom Bärlauch, der überall sprießt. In einem Dip passt er perfekt zu den zarten Lachswürfeln in knusprig gebratener Panade.

Panierte Lachswürfel auf Bärlauch-Dip

10 Portionen heiß am besten

Für den Bärlauch-Dip:
1 Bund Bärlauch
200 g Crème fraîche
Salz, Pfeffer

Für die Lachswürfel:
250 g Lachsfilet
½ Zitrone
Salz, Pfeffer
3 EL Mehl
4 EL Semmelmehl
1 Ei
4-5 EL ÖL zum Braten

Für den Dip die Bärlauchblätter verlesen, kalt abbrausen und trocken schütteln. Grob hacken und in einem Pürierbecher fein pürieren. Zusammen mit der Crème fraîche in eine kleine Schüssel geben und gut vermischen. Mit Salz und Pfeffer abschmecken und bis zum Servieren im Kühlschrank aufbewahren.

Für die panierten Lachswürfel den Fisch waschen und mit Küchenpapier trocken tupfen. Die Zitrone auspressen. Zuerst den Lachs auf beiden Seiten mit Zitronensaft beträufeln, dann salzen und pfeffern und in ca. 3 cm große Würfel schneiden.

Das Mehl und das Semmelmehl jeweils in ein Schüsselchen geben. Das Ei in einer kleinen Schüssel verquirlen. Das Öl in einer kleinen Pfanne erhitzen. Die Lachswürfel erst in Mehl, danach in Ei und zuletzt im Semmelmehl wenden und im heißen Öl von allen Seiten goldbraun braten. Sofort auf kleine Teller setzen.

Den Dip auf kleine Schälchen verteilen und dazu reichen.

Pfälzer Spargel macht bei jedem kulinarischen Abenteuer mit, auch bei einem Salat mit Tomaten und zartem geräucherten Lachs!

Spargelsalat mit Räucherlachs

8 Portionen gut vorzubereiten

400 g mitteldicken weißen Spargel
1 TL Butter
Saft von ½ Zitrone
½ TL Zucker
Salz
200 g Datteltomaten
150 g geräucherter Lachs
½ Bund Schnittlauch
½ Bund Dill

Für die Marinade:
1 Knoblauchzehe
100 ml Spargelwasser
4 EL weißer Balsamico
6 EL Öl
Zucker
Salz, Pfeffer aus der Mühle

Den Spargel schälen und holzige Stellen entfernen. In einen Topf geben und mit Wasser bedecken. Butter, Zitronensaft, Zucker und Salz zugeben und bissfest kochen.
Die Spargelstangen aus dem Sud nehmen (Sud für die Marinade aufheben!), in ca. 3 cm lange Stücke schneiden und in eine Schüssel geben. Die Tomaten waschen, trocknen und quer halbieren, größere Tomaten dritteln. Den Lachs in ca. 1,5 x 1,5 cm große Quadrate schneiden und mit den Tomaten zum Spargel geben. Den Schnittlauch und den Dill kalt abbrausen und trocken schütteln. Den Schnittlauch in kleine Röllchen schneiden. Ein paar Dillzweiglein für die Deko beiseite legen, den Rest fein hacken und mit dem Schnittlauch in die Schüssel geben.
Für die Marinade den Knoblauch schälen und fein hacken. Mit den anderen Zutaten in einen Schüttelbecher oder ein Schraubglas geben und gut durchschütteln. Mit Zucker, Salz und Pfeffer aus der Mühle pikant abschmecken und locker unter den Spargel mischen. Etwa 1 Stunde durchziehen lassen. Vor dem Servieren noch einmal abschmecken und in kleine Gläschen füllen. Mit 1 Dillzweig dekorieren.

Diese kleinen Fisch-Knepp (= Fisch-Klöße) schmecken ganz groß.

Mini-Forellenfrikadellen mit Kräutermayonnaise

6 Portionen gut vorzubereiten

Für die Kräutermayonnaise:
250 ml Öl
1 Ei
1 TL Senf
Salz, Pfeffer
1 TL Schnittlauchröllchen
1 EL frisch gehackter Dill
1 EL frisch gehackte Petersilie

Für die Forellenfrikadellen:
1 altbackene Laugenbrezel oder -stange
200 g frisches Forellenfilet
1 kleine Zwiebel
1 kleine Knoblauchzehe
1 Ei
1 TL Schnittlauchröllchen
Salz, Pfeffer, Chilipulver
2 EL Olivenöl zum Braten

Außerdem: Schnittlauchhalme, 3 Zitronenscheiben

Für die Kräutermayonnaise das Öl, das Ei und den Senf in einen Pürierbecher geben und mit dem Pürierstab zu einer cremigen Mayonnaise rühren (Achtung: Alle Zutaten sollten dieselbe Temperatur haben, damit die Mayonnaise nicht gerinnt!). Die Kräuter untermischen und mit Salz und Pfeffer abschmecken.

Für die Forellenfrikadellen die Laugenbrezel mit der Gemüsereibe fein reiben. Die Forellenfiles waschen und mit Küchenpapier trocken tupfen. Mit einem scharfen Messer sehr fein würfeln und in eine Schüssel geben. Die Zwiebel und den Knoblauch schälen und sehr fein hacken. Zusammen mit dem Ei, dem Schnittlauch und 6 EL Laugenbröseln (bei Bedarf noch etwas mehr) zum Fisch geben und alles gut durchmischen. Mit Salz, Pfeffer und Chilipulver abschmecken und 15 Minuten durchziehen lassen. Mit einem Löffel walnussgroße Portionen von der Masse abstechen und mit feuchten Händen kleine Kugeln (ergibt ca. 12 Stück) formen und etwas flach drücken.

Das Öl in einer kleinen Pfanne erhitzen und die Frikadellen darin von beiden Seiten goldbraun braten. Jeweils 2 Frikadellen auf einen kleinen Teller setzen und mit Schnittlauch und je 1 halben Zitronenscheibe dekorieren.

Die Kräutermayonnaise in kleine Schälchen füllen und dazu servieren.

Zugegeben, Krabbenrührei ist eine Spezialität aus dem hohen Norden. Aber wenn es auf kleinen Tartes daherkommt, passt es perfekt auf ein Pfälzer Tapas-Büffet!

Tartes mit Krabben-Rührei

10 Portionen schmecken warm am besten

Für den Quark-Ölteig:
75 g Magerquark
3 EL Öl
1 Eiweiß
1 EL Milch
½ TL Salz
150 g Mehl
½ Päckchen Backpulver

Für den Belag:
4 Eier + 1 Eigelb
2 EL frisch gehackte Kräuter (z.B.: Petersilie, Schnittlauch, Kresse)
Salz, Pfeffer
100 g gekochte und geschälte Krabben, bzw. kleine Garnelen

Außerdem: ½ TL Butter zum Einfetten, Petersilienblättchen für die Deko

Für den Teig den Quark mit Öl, Eiweiß, Milch und Salz glatt rühren. Das Mehl mit dem Backpulver dazugeben und einen glatten Teig kneten.
Die Butter auf ein Stück Küchenpapier geben und damit 10 Mulden des Muffin-Backbleches einfetten.
Den Teig auf bemehlter Arbeitsfläche ca. 3 mm dick ausrollen. Mit einer Tasse oder einer kleinen Schüssel, deren Öffnung ca. 2-3 cm größer ist als der Durchmesser der Muffinmulden, runde Plätzchen aus dem Teig stechen und die eingefetteten Mulden damit auskleiden. Mit einer Gabel mehrmals in den Teigboden stechen, damit sich beim Backen keine Luftblase bilden kann.
Den Backofen auf 200° C vorheizen (Gas Stufe 3, Umluft 180° C).
Für den Belag die Eier und das vom Teig übrige Eigelb in einer Schüssel verquirlen. Die Kräuter kalt abbrausen, trocken schütteln und fein hacken. Unter die Eimasse mischen und mit Salz und Pfeffer abschmecken. 10 schöne Krabben, bzw. Garnelen für die Deko beiseite stellen, die restlichen unter die Eimasse heben. Mit einem Esslöffel die Krabben-Eimasse in die Tartes füllen und im Ofen 15-20 Minuten backen, bis der Teig schön braun ist. Vorsichtig aus den Mulden heben und auf kleine Teller setzen. Mit einer Krabbe und einem Petersilienblatt verzieren.

Die Pälzer Grumbeer kann nicht nur Suppe und Salat, sie kann noch viel mehr! Hier zum Beispiel mit einer feinen Füllung aus Lauch und geräucherter Lachsforelle unter einem Parmesanhäubchen.

Gefüllte Kartöffelchen

12 Portionen gut vorzubereiten

6 kleine Kartoffeln (ca. 6 cm Ø)
2 EL Öl für die Auflaufform

Für die Füllung:
100 g Lauch
1 Knoblauchzehe
2 EL Öl
Salz, Pfeffer, Muskat
100 g geräucherte Lachsforelle
25 g Parmesan am Stück

Die Kartoffeln schälen, als Salzkartoffeln kochen und vollkommen auskühlen lassen (am besten schon am Vortag kochen).
Das Öl in die Auflaufform geben und mit einem Pinsel verteilen.
Die Kartoffeln der Länge nach halbieren und die Rundung gerade abschneiden, damit die Hälften in der Form nicht umkippen können. Mit einem Kugelausstecher aushöhlen und die herausgekratzte Masse klein würfeln. Den Lauch gründlich waschen, gut abtropfen lassen und klein würfeln. Den Knoblauch schälen und fein hacken. Die geräucherte Lachsforelle in kleine Stücke schneiden.
Das Öl in einem kleinen Topf erhitzen und den Lauch, den Knoblauch und die Kartoffelmasse ca. 8 Minuten darin anbraten. Vom Herd nehmen. Die Forelle untermischen und mit Salz (vorsichtig damit umgehen, denn der Fisch ist recht salzig!), Pfeffer und Muskat abschmecken.
Den Backofen auf 200° C vorheizen (Gas Stufe 3, Umluft 180° C).
Die Lauchmasse mit 2 kleinen Löffeln großzügig in die Kartoffeln füllen.
Den Parmesan mit der Gemüsereibe in grobe Späne raspeln und auf den Kartoffeln verteilen.
Die Form in den Ofen schieben und 15-20 Minuten backen, bis der Käse zerläuft.
Zum Servieren die Kartoffelhälften auf kleine Teller setzen.

Die Vorderpfalz wird auch gerne „Gemüsegarten Deutschlands“ genannt – hier gedeihen also allerlei Gemüsesorten – natürlich auch Tomaten.

Kleine Tomaten mit Lachsforellen-Frischkäse-Füllung

8 Portionen **gut vorzubereiten**

8 Cocktail-Rispentomaten mit Grün

Für die Füllung:
100 g Frischkäse
1 EL Sahne
1 Knoblauchzehe
2 EL frisch gehackte Kräuter (Schnittlauch, Petersilie, Dill, Kresse ...)
Salz, Pfeffer
50 g geräucherte Lachsforelle

Die Tomaten waschen und abtrocknen. Mit einem scharfen Messer die Rundung der Unterseite etwas abschneiden, damit die Tomaten „stehen“ können und nicht wegkullern. Das obere Viertel mit dem Grün abschneiden und die Unterteile vorsichtig mit einem Kugelausstecher aushöhlen.

Für die Füllung den Frischkäse in einer kleinen Schüssel mit der Sahne glattrühren. Die Knoblauchzehe schälen, sehr fein hacken und zusammen mit den Kräutern unter den Frischkäse mischen. Den Fisch sehr klein würfeln und unter die Käsemasse rühren. Mit Salz und Pfeffer abschmecken.

Die Frischkäsemasse in einen Spritzbeutel mit großer Lochtülle füllen und großzügig in die Tomaten spritzen. Deckel schief auf die Füllung drücken. Die gefüllten Tomaten auf eine Platte oder einzeln auf kleine Teller setzen.

TAPAS
mit Brot & Co

Schmeckt kalt als Brotaufstrich. Heiß passt die Grüne Kartoffelcreme aber auch zu Frikadellen oder Fisch oder Kotelett oderoderoder ...

Grüne Kartoffelcreme

10 Portionen gut vorzubereiten

3 EL Feldsalat-Pesto (siehe Rezept S. 68 oder fertig gekauft)
250 g Kartoffeln, mehlig kochend
150 g Schmand
Salz, Pfeffer

Außerdem: ein paar Feldsalatblätter oder frische Kräuter für die Deko

Wenn Sie das Pesto selber machen wollen, sollten Sie es vor dem Kochen der Kartoffeln zubereiten.

Die Kartoffeln als Pellkartoffeln kochen, noch heiß schälen und durch die Kartoffelpresse in eine Schüssel drücken. Den Schmand und das Pesto zugeben und kurz durchquirlen. Mit Salz und Pfeffer abschmecken. Masse in einen Spritzbeutel mit großer Lochtülle füllen und in kleine Gläser oder Schälchen spritzen. Mit je einem Feldsalat- oder Kräuterblatt dekorieren.

Der Ingwer gibt diesem vegetarischen Brotaufstrich eine ganz besondere Note.

Kartoffel-Möhren-Creme

6 Portionen gut vorzubereiten

125 g mehlig kochende Kartoffeln
125 g Möhren
250 ml Gemüsebrühe
1 Knoblauchzehe
150 g Schmand
1 EL Olivenöl
Salz, Pfeffer, Ingwerpulver

Außerdem: ½ Möhre, frische Basilikumblätter für die Deko

Die Kartoffeln schälen und der Länge nach vierteln. Die Möhren schälen, in 5 cm lange Stücke schneiden und diese längs halbieren. Die Kartoffeln und Möhren in einem Topf mit der Brühe weich kochen. Abgießen und das Gemüse durch die Kartoffelpresse drücken. Die Knoblauchzehe schälen und mit der Knoblauchpresse dazupressen. Den Schmand und das Olivenöl dazugeben und mit dem Handrührgerät zu einer glatten Masse verrühren. Mit Salz, Pfeffer und Ingwer pikant abschmecken. In Schälchen füllen. Die halbe Möhre schälen und in Scheiben schneiden. Jedes Schälchen mit 1 Möhrenscheibe und den Basilikumblättern dekorieren.

Die Pälzer Lewwerworscht ist auch über die Grenzen der Pfalz hinaus bekannt – mit Paprika und rosa Pfefferkörnern bekommt sie einen wahren Geschmacks-Kick.

Leberwurstcreme auf Crackern

25 Portionen gut vorzubereiten

100 g Pfälzer Leberwurst
2 EL Crème fraîche
½ TL Senf
1 Lauchzwiebel
1 Knoblauchzehe
Salz, 2 TL Paprikapulver
1 gehäufter TL Rosa Beeren (landläufig auch Roter Pfeffer genannt)

Außerdem: 25 Cracker, 1 Lauchzwiebel und Rosa Beeren für die Deko

Die Leberwurst zusammen mit der Crème fraîche und dem Senf in eine kleine Schüssel geben und mit einer Gabel gut vermengen. Die Lauchzwiebel putzen, waschen, trocken schütteln und in sehr dünne Ringe schneiden. Die Knoblauchzehe schälen, sehr fein hacken und zusammen mit der Zwiebel unter die Wurstmasse mischen. Mit Salz und Paprikapulver abschmecken. Zuletzt die Rosa Beeren unterrühren.
Die Cracker auf einer Platte auslegen. Die Leberwurstmasse in einen Spritzbeutel mit großer Lochtülle füllen und gleichmäßige Tuffs auf die Cracker spritzen.
Die Lauchzwiebel putzen waschen, trocken schütteln und diagonal in Ringe schneiden. Die Leberwursttuffs mit Rosa Beeren und Lauchzwiebelringen dekorieren.

Tipp 1: *Diese Creme schmeckt auch auf Laugen-Crackern – die finden Sie in der Knabberabteilung des Supermarktes.*
Tipp 2: *Tauschen Sie ruhig mal die Rosa Beeren gegen grünen Pfeffer aus!*

Quiche Lorraine auf pfälzisch mit Pfälzer Schinken, Maronen und frischen Feigen – ein Gedicht!

Pfälzer Quiche

16 Portionen gut vorzubereiten

Für den Quark-Ölteig:
75 g Magerquark
3 EL Öl
1 Eiweiß
1 EL Milch
½ TL Salz
150 g Mehl
½ Päckchen Backpulver
Butter zum Einfetten

Für den Belag:
150 g gekochter Pfälzer Schinken am Stück (z.B. Wacholder- oder Kirschwasserschinken)
1 Zwiebel
100 g gekochte, geschälte Maronen (gibt es fertig zu kaufen)
2 EL Öl
100 g Sahne
2 Eier + 1 Eigelb
50 g Crème fraîche
50 g geriebener Gouda
Salz, Pfeffer, Muskat
4 reife Feigen

Für den Teig den Quark mit Öl, Eiweiß, Milch und Salz glatt rühren. Das Mehl mit dem Backpulver dazugeben und einen glatten Teig kneten. Eine Auflaufform oder ein kleines Backblech (ca. 25 x 25 cm) mit der Butter einfetten. Den Teig auf bemehlter Arbeitsplatte rechteckig ausrollen und in die Auflaufform oder auf das Blech legen und dabei einen Rand hochziehen. Mehrmals mit einer Gabel in den Teig stechen.
Für den Belag den Schinken in kleine Würfel schneiden. Die Zwiebel schälen und fein hacken. Die Maronen grob zerkleinern. Das Öl in einem Topf erhitzen und den Schinken, die Zwiebel und die Maronen darin anbraten, bis die Zwiebeln glasig werden. Vom Herd nehmen.
Den Backofen auf 200° C (Gast Stufe 3, Umluft 180° C) vorheizen.
Die Sahne mit den Eiern, Eigelb und Crème fraîche verquirlen. Den Gouda und die Schinkenmasse untermischen und pikant abschmecken. Die Masse auf dem Teig verteilen.
Die Feigen gründlich waschen und abtrocknen. Stiel bis zum Fruchtfleisch abschneiden. Die Früchte vierteln und gleichmäßig mit der Schale nach unten auf der Quiche verteilen. Im Ofen 20-25 Minuten backen.
Noch heiß und am besten mit dem Elektromesser in Quadrate schneiden.

Tipp: *Sie können die Quiche schon am Vortag backen und dann vor dem Servieren kurz im Backofen oder in der Mikrowelle warm machen.*

Geschmolzener Handkäse auf herzhaftem Wildschweinschinken und als Krönung ein Wachtel-Spiegelei – das sieht nicht nur verdammt gut aus, das schmeckt auch verdammt gut!

Pfälzer Crostini

6 Portionen **frisch am besten**

6 Scheiben rustikales Baguette
6 Scheiben Pfälzer Wildschweinschinken
3 Stück Handkäse à 40 g
1 EL Öl
6 Wachteleier
1 EL Schnittlauchröllchen

Den Backofen auf 180° C (Gas Stufe 2, Umluft 160° C) vorheizen. Die Brotscheiben auf ein mit Backpapier ausgelegtes Blech legen. Jede mit 1 Scheibe Schinken belegen – dafür den Schinken eventuell zusammenklappen. Die Handkäse jeweils in 2 gleichdicke Scheiben schneiden und die Scheiben auf die Brote legen. Im Ofen so lange backen, bis der Käse zu schmelzen beginnt. In der Zwischenzeit das Öl in einer kleinen Pfanne erhitzen. Die Wachteleier vorsichtig aufschlagen, den Inhalt ins heiße Fett geben und so lange braten, bis die Unterseite kross-braun ist. Die überbackenen Brote auf kleine Teller setzen und die Spiegeleier darauf verteilen. Die Schnittlauchröllchen darüber streuen.

Tipp: *Schmeckt natürlich auch mit anderem Käse!*

Pälzer Zwiwwlkuche – also Pfälzer Zwiebelkuchen – ist bekannt. Der Lauchkuchen kann jedoch geschmacklich locker mithalten!

Lauch-Speckkuchen

20 Portionen gut vorzubereiten

Für den Teig:
21 g Hefe (= ½ Würfel)
200 ml Milch
75 ml Öl
500 g Mehl
½ TL Salz

Für den Belag:
750 g Lauch
30 g Butter
100 g gewürfelten Räucherspeck
2 Eier
4 EL saure Sahne
Salz, Pfeffer, Muskat

Außerdem: Öl für das Blech

Für den Hefeteig die Hefe mit 5 EL Milch in einer kleinen Schüssel verrühren. Backofen auf niedrigste Stufe einstellen und die Hefe darin gehen lassen. Die restliche Milch und das Öl ebenfalls in den Ofen stellen und warm werden lassen.

Das Mehl mit dem Salz in eine große Schüssel geben. Die gegangene Hefe unterrühren. Milch und Öl zugeben und einen glatten Teig kneten. Das Backblech mit Öl einpinseln, den Teig darauf ausrollen und 20 Minuten gehen lassen.

Für den Belag den Lauch putzen, der Länge nach halbieren und gründlich waschen. Trocken schütteln und in 1 cm breite Scheiben schneiden. Die Butter in einem Topf erhitzen. Die Speckwürfel und den Lauch dazugeben und unter Rühren anbraten. Der Lauch darf dabei nicht braun werden! Vom Herd nehmen.

Den Backofen auf 200° C vorheizen (Gas Stufe 3, Umluft 180° C).

Die Eier mit der sauren Sahne in einer Schüssel verquirlen und mit Salz, Pfeffer und Muskat abschmecken. Unter die Lauchmasse rühren und auf dem Hefeteig verteilen.

Im Ofen 35-45 Minuten backen. In gleich große Quadrate schneiden.

Flammkuchen wurde eigentlich im Elsass erfunden, aber inzwischen hat er nicht nur die Pfalz, sondern ganz Deutschland erobert.

Flammkuchen mit Lauch, Speck und Münsterkäse

10 Portionen **gut vorzubereiten**

Für den Teig:
150 g Mehl
60 ml Wasser
2 EL Öl
1 Prise Salz

Für den Belag:
125 g Schmand
50 g Sahne
1 Prise Salz
1 Knoblauchzehe
1 Zwiebel
50 g Lauch
50 g Katenschinkenwürfel
100 g Münsterkäse
Schwarzer Pfeffer aus der Mühle

Für den Teig die Zutaten in eine Schüssel geben und zu einem glatten Teig verkneten. Zu einer Kugel formen und in Frischhaltefolie gewickelt etwa 1 Stunde im Kühlschrank ruhen lassen.
Für den Belag den Schmand, die Sahne und das Salz in eine Schüssel geben. Die Knoblauchzehe schälen, sehr fein hacken und zum Schmand geben. Alles gut vermischen.
Die Zwiebel schälen, halbieren und in feine Scheiben schneiden. Den Lauch unter fließendem Wasser gründliche waschen, trocken schütteln und in feine Ringe schneiden.
Den Teig in 10 gleich große Portionen schneiden und jede zu einer Kugel rollen. Auf einer bemehlten Arbeitsfläche zu dünnen runden Fladen ausrollen und auf ein Backblech mit Backpapier legen.
Den Backofen auf 210° C vorheizen (Gast Stufe 4, Umluft 200° C).
Mit einem Löffel die Schmand-Masse dünn auf die Teigfladen streichen, dabei einen schmalen Rand frei lassen. Die Zwiebeln, den Lauch und die Schinkenwürfel darauf verteilen. Den Münster in Würfel schneiden und auf die Flammküchlein legen. Mit Pfeffer übermahlen und im Ofen 15-20 Minuten backen.

Auch wenn Sie es nicht glauben wollen: Leberwurst auf einem Flammkuchen schmeckt richtig gut!

Flammkuchen mit Pfälzer Leberwurst

10 Portionen gut vorzubereiten

Für den Teig:
150 g Mehl
60 ml Wasser
2 EL Öl
1 Prise Salz

Für den Belag:
2 EL Schmand
100 g Pfälzer Leberwurst
½ TL Senf
1 Knoblauchzehe
Salz, Pfeffer
1 Zwiebel
schwarzer Pfeffer aus der Mühle

Außerdem: 2-3 Gewürzgurken

Für den Teig die Zutaten in eine Schüssel geben und zu einem glatten Teig verkneten. In Frischhaltefolie wickeln und im Kühlschrank etwa 1 Stunde ruhen lassen.
Für den Belag den Schmand, die Leberwurst und den Senf in eine kleine Schüssel geben. Die Knoblauchzehe schälen, fein hacken und dazugeben. Gut vermischen und mit Salz und Pfeffer abschmecken.
Die Zwiebel schälen, halbieren und in dünne Scheiben schneiden.
Den Teig in 10 gleich große Portionen schneiden und jede zu einer Kugel rollen. Auf einer bemehlten Arbeitsfläche zu dünnen runden Fladen ausrollen und auf ein Blech mit Backpapier legen.
Den Backofen auf 210° C vorheizen (Gas Stufe 4, Umluft 200° C).
Mit einem Löffel die Leberwurstmasse dünn auf die Teigfladen streichen und mit Pfeffer übermahlen. Die Zwiebeln darauf verteilen und im Ofen 15-20 Minuten backen.
In der Zwischenzeit die Gewürzgurken in dünne Scheiben schneiden und auf den Flammküchlein verteilen, sobald sie aus dem Ofen kommen.

Die leckerste Art, altbackene Laugenstangen zu verwerten! – Geht aber natürlich auch mit frischen Laugenstangen ... oder mit Baguette.

Pfälzer Bruschetta

10-12 Portionen **gut vorzubereiten**

200 g Lauch
1 große Zwiebel
1 Knoblauchzehe
100 g gekochte, geschälte Maronen (gibt's im Supermarkt)
2 EL Olivenöl
50 g Speckwürfel
Salz, Pfeffer
2 Laugenstangen vom Vortag
50 g Parmesan am Stück

Den Lauch der Länge nach halbieren und gründlich unter fließendem Wasser waschen. Gut abtropfen lassen und in dünne Scheiben schneiden.
Die Zwiebel schälen, halbieren und in feine Scheiben schneiden. Die Knoblauchzehe schälen und klein hacken. Die Maronen grob würfeln. Das Öl in einem Topf erhitzen und die Speckwürfel kurz darin anbraten. Lauch, Zwiebel, Knoblauch und Maronen dazugeben und unter Rühren schmoren, bis die Zwiebeln glasig werden. Mit Salz und Pfeffer abschmecken und vom Herd nehmen.
Den Backofen auf 200° C vorheizen (Gas Stufe 3, Umluft 180° C). Ein Backblech mit Backpapier auslegen. Die Laugenstangen schräg in 2 cm dicke Scheiben schneiden und nebeneinander aufs Blech legen. Im Ofen ca. 5 Minuten anrösten.
In der Zwischenzeit den Parmesan mit der Gemüsereibe grob raspeln.
Das Blech aus dem Ofen nehmen und die Grillfunktion einschalten. Die Lauchmasse auf den Brotscheiben verteilen und den Parmesan darauf streuen. Noch einmal in den Backofen schieben und 3-5 Minuten übergrillen.

Tipp: Mit der Lauchmasse kann man auch eine leckere Nudelpfanne machen!

Spiegeleier in knuspriger Teigverpackung sehen nicht nur hübsch aus!

Spiegelei im Schlafrock

10 Portionen gut vorzubereiten

Für den Quark-Ölteig:
75 g Magerquark
3 EL Olivenöl
1 Ei
2 EL Milch
½ TL Salz
1 Msp Pfeffer
1 TL Paprikapulver
1 Msp Knoblauchpulver
300 g Mehl
½ Päckchen Backpulver

Außerdem:
½ TL Butter zum Einfetten, 10 Eier Größe M, Pfeffer aus der Mühle, Kresse

Für den Teig den Quark mit Öl, Ei, Milch und den Gewürzen glatt rühren. Das Mehl mit dem Backpulver dazugeben und einen glatten Teig kneten. Die Butter auf ein Küchentuch geben und damit 10 Mulden des Muffinbleches einfetten. Den Teig auf bemehlter Arbeitsfläche ca. 3 mm dick ausrollen. Mit einer Tasse oder einer kleinen Schüssel, deren Öffnung 2-3 cm größer ist als die Muffinmulden, runde Plätzchen aus dem Teig stechen und die gefetteten Mulden damit auslegen. Mit einer Gabel mehrmals in den Teigboden stechen.

Den Backofen auf 200° C vorheizen (Gast Stufe 3, Umluft 180° C).

Die Eier vorsichtig aufschlagen und in die Teigmulden füllen. Im Ofen 15-20 Minuten backen. Auf kleine Teller setzen, mit Pfeffer übermahlen und mit Kresse dekorieren.

TAPAS
mit Zucker

Dieses „Tiramisu“ kommt ganz ohne Mascarpone und rohe Eier aus! Und dank des Magerquarks hat es auch fast keine Kalorien ... fast ...

Pfälzer Tiramisu

8-10 Portionen **gut vorzubereiten**

100 g Mandelstifte
200 g Sahne
1 Päckchen Vanillezucker
500 g Quark
100 g Zucker
200 ml kalter Kaffee
150 ml Dornfelder
200 g Löffelbiskuits
ca. 20 Schoko-Kaffeebohnen

Die Mandelstifte in eine Pfanne geben und ohne Fettzugabe bei mittlerer Hitze leicht anrösten. Dabei immer wieder umrühren, damit sie nicht zu braun und dadurch bitter werden. 2 EL für die Deko beiseite stellen.
Die Sahne mit dem Vanillezucker steif schlagen. Den Quark mit Zucker glattrühren, die geröstete Mandeln zusammen mit der Sahne gründlich unterheben.
Den Kaffee zusammen mit dem Dornfelder in eine kleine Schüssel geben. Die Löffelbiskuits in nicht zu kleine Stücke zerbrechen, portionsweise kurz in der Kaffee-Rotwein-Mischung wenden und als erste Schicht in die Dessertgläser geben. Mit Quarkmasse bedecken. Eine weitere Schicht getränkte Biskuitstücke daraufgeben. Mit Quarkmasse bedecken. Jedes Glas mit Mandelsplittern und 2 Schoko-Kaffeebohnen verzieren und im Kühlschrank mehrere Stunden durchziehen lassen.

Tipp: *Größere Mengen können Sie in eine Auflaufform oder Schüssel schichten. Zum Servieren einfach mit einem Esslöffel oder einem Eisportionierer Kugeln abstechen und in kleine Schalen setzen. Mit gerösteten Mandeln und Kaffeebohnen dekorieren.*

Fruchtig trifft auf knusprig.

Crumble mit Mandel-Erdbeer-Sahne

10 Portionen gut vorzubereiten

Für die Streusel:
125 g Butter
200 g Mehl
100 g Zucker

Für die Mandel-Erdbeer-Sahne:
300 g Erdbeeren
50 g Mandelblättchen
400 g Sahne
1 Päckchen Vanillezucker
2 Päckchen Sahnesteif

Für die Streusel den Backofen auf 200° C vorheizen (Gas Stufe 3, Umluft 180° C). Ein Backblech mit Backpapier auslegen. Die Butter in einem kleinen Topf schmelzen und mit Mehl und Zucker zu einem krümeligen Teig vermischen. Die Streusel nicht zu fein auf das Blech krümeln und im Ofen ca. 15 Minuten goldbraun backen. Aus dem Ofen nehmen und abkühlen lassen.
Für die Sahne die Erdbeeren waschen und abtropfen lassen, 10 schöne Erdbeeren mit Grün für die Deko beiseite stellen, die restlichen Erdbeeren putzen und klein würfeln.
Die Mandeln in einem kleinen Topf ohne Fett leicht anrösten. Die Sahne mit Vanillezucker und Sahnesteif steif schlagen. Die Erdbeeren und die Mandeln untermischen.
10 Weckgläschen oder andere schöne Gläser auf die Arbeitsplatte stellen und als unterste Schicht ein paar Streusel hineingeben. 1 Schicht Erdbeersahne, 1 Schicht Streusel und zuoberst noch eine Schicht Erdbeersahne einfüllen. Ein paar Streusel und je 1 Erdbeere daraufsetzen und kühl stellen.

Tipp: *Schmeckt auch mit bunten kernlosen Trauben!*

WECK

Luftige Windbeutel gefüllt mit fluffiger Rieslingcreme – die haben Suchtpotential!

Windbeutelchen mit Rieslingcreme

30 Portionen gut vorzubereiten

Für die Rieslingcreme:
6 Blatt weiße Gelatine
250 ml Riesling halbtrocken
2 Eier
80 g Zucker
200 g Sahne
1 Päckchen Vanillezucker

Für die Windbeutel (Brandteig):
¼ l Wasser
1 Prise Salz
1 EL Zucker
50 g Butter
150 g Mehl
1 Msp Backpulver
4 Eier

Außerdem: Puderzucker

Für die Rieslingcreme die Gelatine in kaltem Wasser einweichen.
5 EL Riesling in einen kleinen Topf erhitzen. Die Eier mit dem Zucker dick-cremig schlagen und den restlichen Wein unterrühren. Die Gelatine ausdrücken, unter Rühren im dem warmen Wein auflösen und unter die Eimasse schlagen. Die Creme 10-15 Minuten in den Kühlschrank stellen, bis die Masse beginnt, an den Rändern fest zu werden.
In der Zwischenzeit die Sahne mit dem Vanillezucker steif schlagen und mit einem Schneebesen unter die Creme heben. Die Schüssel in den Kühlschrank geben und mehrere Stunden fest werden lassen – am besten über Nacht.
Für die Windbeutel das Wasser mit Salz, Zucker und Butter in einem schmalen hohen Topf zum Kochen bringen. Das Mehl mit dem Backpulver auf einmal in die heiße Flüssigkeit geben, glatt rühren und auf der Herdplatte kräftig rühren und „abbrennen", bis sich die Masse als Kloß vom Topf löst und sich auf dem Topfboden ein weißes Häutchen bildet. Topf vom Herd nehmen, die Eier nach und nach zugeben und mit dem Handrührgerät (Knethaken einsetzen!) kräftig rühren. Nach jeder Eizugabe den Teig gut glattrühren, damit das Ei nicht gerinnen kann. Der Teig soll glatt und glänzend sein und so vom Löffel reißen, dass lange Spitzen hängen bleiben.
Den Backofen auf 210° C vorheizen (Gas Stufe 4, Umluft 200° C). Ein großes Backblech mit Backpapier auslegen. Den Teig in einen Spritzbeutel mit großer Sterntülle füllen und nicht zu dicht walnussgroße Tuffs auf das Blech spritzen. Im Ofen 20-25 Minuten goldbraun backen.
Noch heiß mit einer Schere aufschneiden und auf einem Kuchengitter abkühlen lassen.
Vor dem Servieren mit einem Teelöffel walnussgroße Portionen von der Creme abstechen und auf die Böden der Windbeutel geben. Die Deckel auf die Creme setzen und mit Puderzucker bestäuben.

Die lockeren Hefeteigkugeln mit der unverwechselbaren salzig-braunen Kruste an der Unterseite dürfen auf keinem Pfälzer Weinfest fehlen. Sie werden normalerweise mit Vanille- oder Weißweinsoße serviert.

Mini-Dampfnudeln mit Rotweinschaum

28 Portionen **schmecken frisch am besten**

Für den Hefeteig:
21 g Hefe (= ½ Würfel)
175 ml Milch
75 g Zucker
40 g Butter
1 Prise Salz
2 Eiweiß (Eigelbe werden für die Weinschaumsoße verwendet)

Für den Rotweinschaum:
2 Eigelb
1 EL Zucker
175 ml Rotwein (Dornfelder oder Spätburgunder)

Außerdem:
1 EL Butter, 1 Prise Salz

Für den Hefeteig die Hefe in eine kleine Metallschüssel bröseln und mit 5 EL Milch und 1 TL Zucker glattrühren. In den Backofen stellen und bei niedrigster Einstellung 10-15 Minuten gehen lassen. Die restliche Milch ebenfalls in den Ofen stellen.
Die Butter in einem kleinen Topf schmelzen und vom Herd nehmen.
Das Mehl mit dem Salz und dem restlichen Zucker in eine Schüssel geben und eine Mulde hineindrücken. Die gegangene Hefe und die warme Milch dazugeben und gut vermischen. Die Butter und das Eiweiß hinzufügen und zu einem glatten Teig kneten. Zu einer Kugel formen und die Schüssel mit einem Geschirrtuch abgedeckt im Ofen 1 Stunde gehen lassen.
Mit einem Löffel walnussgroße Teigportionen abstechen, zu Kugeln formen und auf bemehlter Arbeitsfläche noch einmal 15 Minuten gehen lassen.
In einem großen flachen gusseisernen Topf mit Deckel ½ cm Wasser einfüllen. Butter und Salz hinzufügen und kurz aufkochen lassen und die Temperatur etwas herunterschalten. Die gegangenen Teigkugeln nicht zu dicht nebeneinander in den Topf setzen. Den Deckel auflegen und so lange abgedeckt köcheln lassen, bis die ganze Flüssigkeit verdampft ist (ca. 15-20 Minuten).
Für den Rotweinschaum die Eigelbe mit dem Zucker und dem Wein in eine Edelstahlschüssel geben und ins heiße Wasserbad setzen. Mit einem Schneebesen oder den Quirlen des Handrührgerätes so lange schlagen, bis die Masse schaumig ist.
Die Mini-Dampfnudeln in kleine Schalen setzen und die Soße in kleinen Gefäßen dazu servieren.

Tipp: *Mit Glühwein erhalten Sie eine leckere winterliche Soßen-Variante..*

Fruchtig-saftige Weinbergpfirsiche auf Walnuss-Marzipan.

Kleine Tartes mit Weinbergpfirsichen

24 Portionen **gut vorzubereiten**

Für den Teig:
200 g Mehl
50 g Zucker
120 g weiche Butter
1 Ei
1-2 EL Öl zum Einfetten

Für den Belag:
200 g Marzipanrohmasse
1 Ei
2 EL Crème fraîche
1 Msp Zimt
75 g Walnüsse
2 Weinbergpfirsiche
24 Walnusshälften
Puderzucker zum Bestäuben

Die Teigzutaten zu einem glatten Teig verkneten, in Frischhaltefolie wickeln und im Kühlschrank 1 Stunde ruhen lassen.
Für den Belag das Marzipan mit der Gemüsereibe grob raspeln und zusammen mit dem Ei, der Crème fraîche und dem Zimt in eine schmale Sahnerührschüssel geben. Mit den Knethaken des Handrührgerätes gut durchmischen. Die Knethaken gegen die Quirle austauschen und die Masse damit glatt rühren. Die Walnüsse untermischen.
Die Pfirsiche kurz in kochendes Wasser tauchen und die Haut abziehen. Mit einem scharfen Messer schmale Spalten direkt vom Kern schneiden.
Die Mulden des Muffinbackbleches mit Öl auspinseln. Den Backofen auf 200° C vorheizen (Gas Stufe 3, Umluft 180° C).
Den Teig auf bemehlter Arbeitsfläche ca. 4 mm dick ausrollen. Mit einer Tasse, deren Durchmesser etwas größer ist als die Muffin-Mulden, runde Plätzchen ausstechen und damit die Mulden auslegen. Je 1 EL Marzipanmasse darauf verteilen. Die Pfirsichspalten halbieren und auf den Tartes verteilen, je 1 Walnusshälfte darauf setzen und im Ofen 20-25 Minuten backen. Abgekühlt mit Puderzucker bestäuben.

Zart-schaumige Weincreme unter nussig-aromatischer Sahne – Ihre Gäste werden begeistert sein!

Dornfeldercreme mit Walnusssahne

12 Portionen **gut vorzubereiten**

Für die Creme:
6 Blatt weiße Gelatine
250 ml Dornfelder Rotwein
2 Eier
80 g Zucker
200 ml Sahne

Für die Walnusssahne:
80 g Walnüsse
200 g Sahne
1 Päckchen Vanillezucker

Für die Creme die Gelatine in kaltem Wasser einweichen. 5 EL Dornfelder in einen kleinen Topf geben und erwärmen, aber nicht kochen lassen. Die Eier mit dem Zucker in einer Rührschüssel dick-cremig schlagen, den Wein unterrühren. Die Gelatine ausdrücken und in dem Topf mit dem warmen Wein auflösen. 5 EL der Eier-Wein-Masse in den Topf geben und gut verrühren. Topfinhalt unter Rühren zu der Eier-Wein-Masse geben. Die Sahne steif schlagen und sofort mit einem Schneebesen unter die Eier-Wein-Masse heben. In hübsche Gläser füllen und im Kühlschrank fest werden lassen.

12 schöne Walnusshälften für die Deko beiseite stellen. Für die Sahne die restlichen Nüsse in einen Gefrierbeutel geben und mit dem Fleischklopfer sehr klein klopfen. Die gehackten Nüsse in eine kleine Pfanne geben und bei mittlerer Hitze leicht anrösten. Vom Herd nehmen und abkühlen lassen.

Die Sahne mit Vanillezucker steif schlagen. Die gerösteten Walnüsse untermischen und die Sahne in einen Spritzbeutel mit großer Lochtülle geben. Tuffs auf die Creme spritzen, auf jeden eine Walnusshälfte setzen. Bis zum Servieren kalt stellen.

Das ist der Beweis: Sekt kann man nicht nur trinken, sondern auch löffeln!

Rieslingsekt-Gelee mit Birnen und karamellisierten Maronen

6 Portionen **gut vorzubereiten**

Für das Sektgelee:
1 große Birne
Saft von ½ Limette
250 ml Rieslingsekt
1 Päckchen Tortenguss klar
2 EL Zucker

Für die karamellisierten Maronen:
40 g Butter
60 g Zucker
12 schöne Maronen (geschält und gekocht, gibts fix und fertig im Supermarkt)

Für die Sahne:
200 g Sahne
1 Päckchen Vanillezucker

Für das Gelee die Birne schälen, vierteln und das Kernhaus entfernen. In kleine Würfel schneiden und den Limettensaft untermischen.
Aus dem Sekt, dem Tortenguss und dem Zucker nach Packungsanleitung einen Guss herstellen. Die Birnenwürfel einrühren und das Gelee sofort in hübsche Gläser verteilen. Im Kühlschrank fest werden lassen.
Für die Karamellmaronen die Butter in einem kleinen Topf schmelzen lassen. Den Zucker dazugeben und unter Rühren karamellisieren lassen. Die Maronen dazugeben, kurz miterwärmen und gründlich darin wälzen. Die Maronen mit einem kleinen Löffel herausnehmen, auf ein Stück Alufolie setzen und trocknen lassen.
Die Sahne mit Vanillezucker steif schlagen, in einen Spritzbeutel mit großer Sterntülle füllen, auf jedes Glas einen großen Tuff sprühen und kühl stellen.
Vor dem Servieren jeweils 2 Karamellmaronen daraufsetzen

Grießpudding für sich alleine ist ja schon was Feines, aber mit den beschwipsten Rotweinäpfeln ist er ganz besonders fein!

Grießpudding mit Spätburgunderäpfeln

6 Portionen **gut vorzubereiten**

Für den Grießpudding:
600 ml Milch
1 Päckchen Vanillepuddingpulver
3 EL Zucker
50 g Grieß

Für die Spätburgunderäpfel:
250 ml Spätburgunder
2 EL Zucker
1 Msp Zimt
2 große Äpfel

Für den Grießpudding 100 ml Milch mit dem Puddingpulver in einen Schüttelbecher oder ein großes Marmeladenglas mit Schraubdeckel geben und gut durchschütteln. Die restliche Milch mit dem Zucker in einen Topf geben und zum Kochen bringen. Zuerst den Grieß zugeben und kurz aufkochen. Das angerührte Puddingpulver zugeben, nochmal aufkochen und sofort in kleine Gläser füllen. Abkühlen lassen.
Für die Spätburgunderäpfel den Wein mit Zucker und Zimt in einen Topf geben. Die Äpfel schälen, achteln, Kernhaus entfernen, grob würfeln und zum Wein in den Topf geben. Auf dem Herd zum Kochen bringen und nur so lange köcheln, dass die Äpfel noch bissfest sind. Abkühlen lassen.
Zum Servieren die Spätburgunderäpfel entweder auf den Grießpudding in die Gläser füllen oder separat in kleine Schälchen.

Tipp: *Mit Glühwein werden die Äpfel besonders aromatisch.*

Wer sagt denn, dass Flammkuchen immer herzhaft sein muss?! Die Heidelbeeren für die süße Variante wachsen natürlich auch im Pfälzer Wald.

Süße Flammküchlein

10 Portionen **gut vorzubereiten**

Für den Teig:
150 g Mehl
60 ml Wasser
2 EL Öl
½ TL Zucker

Für den Belag:
150 g Schmand
50 g Sahne
3 Päckchen Vanillezucker
250 g Heidelbeeren

Die Teig-Zutaten zu einem glatten Teig verkneten, in Frischhaltefolie wickeln und im Kühlschrank etwa 1 Stunde ruhen lassen.
Die Heidelbeeren waschen und gut abtropfen lassen.
Den Backofen auf 210° C vorheizen (Gas Stufe 4, Umluft 200° C).
Für den Belag den Schmand mit der Sahne und dem Vanillezucker glattrühren. Den Teig in 10 gleich große Portionen schneiden und zu Kugeln formen. Auf bemehlter Arbeitsfläche zu dünnen runden Fladen ausrollen und auf ein mit Backpapier ausgelegtes Backblech legen. Den Schmand auf den Fladen verteilen und mit einem Löffel verstreichen – dabei einen schmalen Rand frei lassen. Die Heidelbeeren auf die 10 kleinen Flammkuchen verteilen und im Backofen 20-25 Minuten backen.

Feigenbäume gedeihen in der Südpfalz ganz prächtig und tragen bei günstigen Bedingungen dreimal im Jahr Früchte. Versuchen Sie doch mal diese aromatische Soße:

Dornfelder-Feigensoße zu Vanille- oder Walnusseis

5 Portionen **gut vorzubereiten**

10 reife Feigen
250 ml Dornfelder halbtrocken
1 TL Speisestärke
5 Päckchen Vanillezucker
Butter zum Einfetten
Paniermehl zum Auskleiden

Außerdem:
Walnuss- oder Vanilleeis

Die Feigen unter fließendem Wasser waschen und mit Küchenpapier trockentupfen. Die Früchte halbieren, mit einem Teelöffel das Fruchtfleisch herauskratzen und mit einer Gabel zu Mus zerdrücken. Die Speisestärke in eine kleine Tasse geben und mit 5 EL Wein glattrühren. Den restlichen Wein mit dem Vanillezucker und dem Feigenmus in einen kleinen Topf geben und aufkochen. Die angerührte Stärke zugeben und unter Rühren einmal aufkochen. Warm oder kalt auf kleine Schälchen verteilen und zu einer Kugel Walnuss- oder Vanilleeis reichen.

Tipp: *Passt auch hervorragend zu Vanille-, Sahne- oder Grießpudding.*

Register

O

P

R

S

T

V

W

Z

Leinpfad Verlag – Bücher mit Terroir.

Gina Greifenstein:

Pfälzer Tapas

Lassen Sie sich überraschen von Blutwurst-Ravioli,

Kürbis-Frittata, von einer Pfälzer Quiche mit grünem Spargel, von Pufferchen aus Zucchini mit geräucherter Forelle oder einer Kastaniencreme auf Dornfelderkirschen oder Mini-Flammkuchen!

ISBN 978-3-942291-78-1, 128 S., 60 Farbfotos, Klappenbroschur, 12,90 €

Kalle im Wingert. *Von Ausbrechern, einem Lesekönig und verschwundenen Rebläusen*

Das einzige Kinderbuch über die Arbeit von Win-

zern! Einerseits erzählt „Kalle" eine pfiffige Geschichte, andererseits informiert das Buch genau über den Beruf des Winzers.

Mit Texten von Antje Fries und Maike Müller und farbigen Illustrationen von Carolin Klein

ISBN 978-3-942291-74-3, 32 S., Hardcover, 3. Auflage, 12,90 €,

Unsere Weinkrimis von Andreas Wagner, dem einzigen Winzer unter den Krimiautoren:

Vatertag. Ein Krimi

Der angesehene Bauunternehmer Viktor Reichwein verschwindet spurlos. Paul Kendzierski beginnt zu ermitteln.

„Eine gelungene Cuvée von Weinkunde und Kriminalgeschichte, geschrieben mit Sachverstand und der Erfahrung harter Arbeit im Weinberg." (STERN)

ISBN 978-3-942291-83-5, 256 S., Broschur, 9,90 €

E-Book ISBN 978-3-942291-84-2, 8,99 €

Gina Greifenstein:

Ginas Plätzchenbuch. Mit Plätzchen durchs Jahr

Keks & Co! Über 80 Rezepte für alle Gelegenheiten: 32 Rezepte nur für Weihnachtsplätzchen: die Klassiker, aber auch jede Menge neue Kreationen. Daneben Rezepte zu Ostern, zum Valentins- oder Muttertag und Teegebäck. Sowie ein Kapitel mit selbstgebackenem Aperogebäck.

Kurz: Plätzchenverführung pur!

ISBN 978-3-945782-25-5, 120 S. 60 Farbfotos, Klappenbroschur, 13,90 €

Sophia Schülke:

Lothringen entdecken. *30 Touren durch Stadt, Land, Wald und am Wasser entlang*

Mit 30 abwechslungsreichen Touren (26 Wanderungen, 4 Radtouren) führt Sophia Schülke zu den schönsten Stellen Lothringens. Mit Infokästen, Karten, Einkehrtipps, Hinweisen auf reizvolle Abstecher, Vorschlägen für Schlechtwetter-Alternativen und einem ausführlichen Serviceteil.

„Wanderer, Radfahrer, kommt ihr nach Lothringen, so vergesst dieses Buch nicht. (...) Man wird nicht müde, ihr Etappe um Etappe zu folgen." (FAZ, 9.7.2015)

ISBN 978-3-942291-64-4, 184 S., Broschur, 14,90 €

Leinpfad Verlag – *Bücher mit Terroir*

Leinpfad Verlag, Leinpfad 5, 55218 Ingelheim

Tel. 06132/8369, Fax 896951, www.leinpfadverlag.com, info@leinpfadverlag.de

Wir schicken Ihnen gerne unser Programm